सोच

कुमार विमल

ISBN 979-888569763-7

क्रम-सूची

प्रस्तावना

प्रिय पाठक,

इस कथा संग्रह को आपके समक्ष रखते हुए मुझे अपार हर्ष की अनुभूति हो रही है. पुस्तक में संग्रहित सभी कथा आज के सामाजिक परिवेश में लिखे गए हैं. कथाओं के विषयवस्तु भी आज के चुनौतियों पर केन्द्रित है. चूंकी लेखक का जुडाव विज्ञान और अन्वेषण से रहा है अतः कथा में विज्ञान, गणित की भी झलक पाठक को दिखाई देगी. प्रथम कथा "सोच" बनावटी समाज को प्रदर्षित करता है जो उपर से तो सुंदर दिखने की चेष्टा करता है पर अंदर ईष्या, क्रोध, लोभ इत्यादि को दबाए रखता हैं. दूसरी कथा "कागज का चक्कर" आम आदमी को कागजात बनवाने में होती परेशानी, भ्रष्टाचार, धान्धली इत्यादि पर केन्द्रित है. वहीँ तीसरी कथा "फिर गाँव की ओर" शिक्षा, स्वास्थ्य, रोजगार इत्यादि को केंद्र में रख लिखा गया है. चौथी कथा "ग्रुप डी" एक सत्य घटना को आधार बना कर लिखा गया है जिसमे एक उच्च शिक्षित इंजिनियर को अपने योग्यता से कम योग्यता वाले पद पर कार्य करना पड़ता है. पद को आधार बनाकर उसकी प्रतिभा को बांधने का प्रयास किया जाता है लेकिन वह अपनी प्रतिभा का लोहा मनवा के ही रहता है. पांचवी कथा "खुलासा" एक जासूसी कथा है जिसमे गणित का भी उपयोग किया गया है.

पुस्तक लेखन हमेशा से एक श्रमसाध्य कार्य रहा है. इस महती कार्य के निष्पादन के लिए मैं सारे सहयोगियों का आभार व्यक्त करता हूँ जिन्होंने जाने अनजाने में मेरा सहयोग किया.

आशा है पुस्तक आपको पसंद आएगी. हां एक बात और यह पुस्तक अभी आरम्भिक चरण में है जिसका आगे और विस्तार कर संसोधित संस्करण प्रकाशित किया जाएगा. अतः आप अपने बहुमूल्य प्रतिक्रिया, सुझाव इत्यादि से हमे अवगत करायें.

कुमार विमल
बेतिया, पश्चिम चम्पारण

1

सोच

आचानक रिसीवर से जुडा स्पीकर पी-पी कर बज उठा. आवाज सुनते ही प्रोफेसर कुमार उतेजनापूर्वक रमेश से कहें, “रमेश फिर से अपने मस्तिष्क को एकाग्र कर कुछ सोचो.” रमेश फिर से अपने मस्तिष्क को एकाग्र किया और अपने मस्तिष्क में कुछ विचार लाया. फिर रिसीवर से जुडा स्पीकर पी-पी कर बज उठा. इसे दो-तीन बार दोहरा कर प्रो. कुमार आश्वस्त हो गए कि उनका रिसीवर मस्तिष्क के सिग्नल को डिटेक्ट करने में सफल हो गया है. वे खुशी से झुमने लगें. हाथ उठा बेतहाशा चिलाने लगें, “रमेश मैंने कर दिया, मैं इंसानी दिमांग से उत्पन्न सिग्नल को रिसीवर के माध्यम से डिटेक्ट कर लिया है.” रमेश- ग्रेट सर. फिर प्रो कुमार उत्साहपूर्वक रमेश को समझाने लगें. देखो रमेश जब इन्सान सोचता है तब उसके मस्तिष्क में उपस्थित न्यूरान सक्रिय हो विद्युत-रासायनिक संकेत उत्पन्न करता है, मानव के सोच वास्तव में यहीं विद्युत-रासायनिक संकेतो का समूह है. और इन सारे विद्युत संकेतों को डिटेक्ट कर अगर क्लासीफाई कर लिया जाए तो इंसानी सोच को पढ़ा जा सकता है.” रमेश – तो सर क्या ऐसा संभव हैं. “हाँ हाँ बिल्कुल संभव है,” प्रो. कुमार ने विश्वाशपूर्वक कहाँ.

प्रारंभिक सफलता मिल जाने के बाद प्रो. कुमार का उत्साह दिन दूना रात चौगुना बढ़ता ही जा रहा था, जैसे बढ़ते पोधे को पर्याप्त पानी और खाद मिल गया हो. वो दिन रात लैब में लगे रहते, खाने की सुध ना रहती.

अब तो स्वप्न में भी उन्हें अपना प्रयोग ही दिखाई देता. बीच-बीच में रमेश को प्रयोग समझाते रहते, "देखो रमेश मैं तुम्हारे मस्तिष्क के सोच द्वारा उत्पन्न संकेतो को डिटेक्ट कर कंप्यूटर स्क्रीन पर एक तरंग के रूप में देख रहा हूँ. अब इन तरंगो की आकार और फ्रीक्वेंसी तुम्हार सोच में बदलाव के अनुसार बदलना चाहिए. मैं इन्ही परिवर्तोनो का अध्यन्न कर तरंगो को तुम्हारे सोच के अनुसार क्लासीफाई कर रहा हूँ. मैं तुम्हे कुछ खास विषय को सोचने को कहता हूँ फिर तुम जैसे ही उस विषय को सोचते हो मैं उस सोच के अनुसार तुम्हारे मस्तिष्क में उत्पन्न तरंग के आकार और फ्रीक्वेंसी का अध्ययन करता हूँ. जब-जब तुम एक तरह के विषय को सोचते हो तब-तब तरंग के आकार और फ्रीक्वेंसी एक तरह के आते है. इस तरह मैं विभिन्न सोच के अनुसार तरंग के आकार और फ्रीक्वेंसी को क्लासिफाई कर मै उसे एक कंप्यूटर प्रोग्राम द्वारा पुनः लिखित रूप में परिवर्तित कर तुम्हारे सोच को पढ़ लेता हूँ"

लगभग दो महीने के कठिन प्रयास के बाद प्रो. कुमार को सफलता मिली. वे बार-बार रमेश को कुछ सोचने को बोलते फिर जैसे ही कंप्यूटर स्क्रीन पर उन्हें रमेश के सोच के अनुसार लिखा हुआ प्राप्त होता, उसे जोर से पढ़ते जिसे सुन रमेश आश्चर्य से कहता, "हाँ सर बिल्कुल मैं यही सोचा था." यह सुन जो खुशी माता को अपने नवजात शिशु को देख कर होती वैसी ही खुशी की अनुभूति प्रो. कुमार को होती. आज उन्हें अपने आविष्कार पर गर्व हो रहा था. आनंदपूर्वक रमेश को बार- बार कहते , "मेरी यह आविष्कार मानव जगत में मिल का पत्थर सिद्ध होगा. This will revolutionise the whole world. The whole world will change now." उनकी बातों को सुन रमेश खुश हुए फिर एक क्षण चुप हो संशय से बोले, "पर सर इससे समाज में नकारात्मक प्रभाव भी पर सकता है, आपसी रिश्तो में असर पड सकता है जिससे समाज कमजोर पड़ सकता है." यह सुन प्रो. कुमार कुछ देर चुप रहें फिर गंभीर मुद्रा में बोले, " मैने तो आविष्कार कर दिया, मेरा काम आविष्कार करना है बाकी समाज इसका कैसे प्रयोग करता है यह समाज के उपर है. रमेश –"पर सर हम भी तो इसी समाज के हिस्से है, हमारी भी तो कुछ सामाजिक दायित्व है, हमें उसका भी ख्याल रखना होगा." प्रो. कुमार-

अच्छा तुम कहते हो तो मैं पहले कुछ दिनों तक खुद इसका सामाजिक प्रभाव का अध्ययन करूँगा, उसके बाद ही इस आविष्कार के बारे में लोगों को बतलाऊंगा. रमेश-यह सही होगा सर.

अब प्रो. कुमार अपने लैपटॉप से रिसीवर को जोड़ अपने साथ रखते. यदा- कदा किसी-किसी के मस्तिष्क से सिग्नल डिटेक्ट कर उसे पढते. एक दिन अपने ऑफिस में बैठे अपने कुछ सहयोगी से बातें कर रहें थे. पास ही उनका लैपटॉप भी था जिसपर वे बिना कुछ बताए उनके मस्तिष्क से प्राप्त सिग्नस को पढ़ रहे थे. तरह तरह की बातें हो रही थी. लैपटॉप के स्क्रीन पर अपने सहकर्मी मदन की मस्तिष्क के सिग्नल को पढ़ वे हतप्रभ हो गए. मदन को वे बहुत मानते थे. वे उनके खास मित्रों में से थे. मदन उनसे कुछ जूनियर होने के कारण प्रमोशन नहीं पा सके थे और सीनियर होने के कारण उन्हें उस संस्था का हेड बना दिया गया था. जब उनका प्रमोशन हुआ था तब मदन कितना खुश थे. उनसे कितनी प्यार से बातें करते थे. पर आज उन्हें सच्चाई मालूम पडा. उपर के बनावटी आवरण को हटा अंदर का इन्सान दिखलाई दिया. मदन अंदर ही अंदर सोच रहें थे, “ओह! केवल 6 महीने सीनियर होने के कारण आज यह मेरा सीनियर बना हुआ है, नहीं तो हेड की इस कुर्सी पर मैं बैठा होता.” वे अंदर ही अंदर ईर्ष्या के आग में जल रहें थे. यह जान प्रो. कुमार का चेहरा ही उतर गया. अपने खास मित्र, जिसे वे अपने भाई की तरह मानते थे उसकी यह सोच! अभी भी उनके बातों से प्रो. कुमार को विश्वास ना हो रहा था, सोचते डिटेक्टर कहीं गलत डिटेक्शन तो नहीं कर रहा है. पर बार- बार उन्हें लैपटॉप स्क्रीन पर यहीं दिखाई देता. यहाँ तक की उन्होंने लैपटॉप से लगे छोटे से डिटेक्टर को मदन के और नजदीक ले जाकर यह कन्फर्म करना चाहा कि यह सिग्नल वाकई वहीं से तो आ रहा है, पर हाँ वह सिग्नल वहीं से आ रहा था. प्रो. कुमार का मन भारी हो गया. अब बाते करने का जी ना किया. जल्दी से लैपटॉप को बंद कर उसे अपने बैग में रख घर जाने लगें. उन्हें उठते देख, मदन बड़े अदब से कहें, “सर आचानक कहाँ जाने लगें ?” प्रो. कुमार ने उनके चेहरे को फिर ध्यान से देखा, कैसा शिष्टाचार से भरा चेहर था ! वाणी में कितनी विनम्रता थी ! ओह विश्वास ना होता. मदन जितना विनम्र हो बोलते प्रो. कुमार

को उतना ही अधिक आघात पहुँचता. जैसे सुन्दर सी पैकेट में सडी हुई मिठाई दे दी गई हों. जल्दी- जल्दी कदम बड़ा वे बाहर निकल गए. घर आयें तो पत्नी ने कहाँ, "चलो शुक्र है कभी तो जल्दी घर आए." प्रो. कुमार जब तक हाथ-मुंह धोते तब तक पत्नी ने बेसन के पकोड़े तैयार कर दिए. पकोड़े खाते हुए पति-पत्नी शाम में रेस्टोरेंट चलने का प्लान कर लिए. शाम हुई दोनों तैयार हो जाने ही वाले थे कि प्रो. कुमार कुछ सोच कर लैपटॉप वाला बैग भी उठा लाएं. पत्नी ने बैग देख आश्चर्य से कहाँ, " ये लैपटॉप क्यों ले जा रहें हो." प्रो. कुमार- आज जल्दी आ गया ना ऑफिस में एक इम्पार्टेन्ट मेल ड्राफ्ट करना था वह वहां नहीं किया, सोचा घर पर ही करूँगा, इस काम को गाडी में बैठे-बैठे कर दूंगा. पत्नी पति के आज जल्दी घर आने मात्र से ही अत्यंत प्रसन्न थी अतः कुछ ना बोली. कुछ देर बाद दोनों गाड़ी में सवार हो जाने लगे. गाडी के चलते ही वे लैपटॉप खोल लिए थे. ड्राईवर गाडी चला रहा था. बीच-बीच में प्रो. कुमार ड्राईवर को रेस्टोरेंट का रास्ता भी बतलाते थे. ड्राईवर हाँ-हाँ कर गाड़ी चलाता जाता. आचानक एक सडक पर थोडा आगे बढ़ने पर प्रो. कुमार को याद आया कि वह रेस्टोरेंट तो पीछे वाली गली में थी. उन्होंने तुरंत ड्राईवर को कहाँ, "ओह ! हम थोडा आगे आ गए, रेस्टोरेंट तो पीछे वाली गली में ही था." ड्राईवर ने अदब से कहाँ, "कोई बात नहीं सर मैं आगे के टर्निंग से गाडी को बैक कर लूँगा." कितनी शालीनता थी ड्राईवर के आवाज में. पर ये क्या लैपटॉप के स्क्रीन पर यह क्या बतला रहा है! ड्राईवर सोच रहा था, "बुड्डा सठिया गया है, रास्ता तो याद नहीं रहता चला घुमने, घर बैठे मन नहीं लगता बुड्डे को." स्क्रीन पर यह पढ़ते ही प्रो. कुमार का मन द्रवित हो गया. कितनी शालीनता है इसके चेहरे पर, जैसे कोई सुंदर नकाब. इधर ड्राईवर उसी शालीनता से बोले जा रहा था. प्रो. कुमार दुखी हो लैपटॉप को बंद कर दिए. थोड़ी देर बाद गाडी रेस्टोरेंट के सामने थी. दोनों रेस्टोरेंट के अंदर चल दिए. प्रो. कुमार अपना लैपटॉप वाला बैग भी ले जाना चाहते थे परन्तु वहां पत्नी के आगे उनकी एक ना चली. लैपटॉप वाला बैग गाड़ी में ही छोड़ दोनों रेस्टोरेंट के अंदर चले गए. वहां हल्का नास्ते का आर्डर दिया. खाते हुए भी प्रो. कुमार का ध्यान गाडी में रखे लैपटॉप पर ही था, जैसे कोई खास वस्तु छुट गया हो. नास्ता कर बिल

पेमेंट करने के उपरांत वे बाहर आ गाडी पर सवार हो चल दिए. अभी गाडी थोड़ी आगे बढ़ी ही होगी कि प्रो. कुमार का मोबाइल बज उठा. देखा तो पाया उनके ख़ास दोस्त श्याम बाबू थे. कॉल रिसीव किया तो मालूम चला कि उनके पिता नजदीक के ही अस्पताल में भर्ती है. उन्होंने श्याम को कहाँ, “दोस्त मैं नजदीक में ही हूँ आधे घंटे की अंदर अस्पताल पहुँचता हूँ.” थोड़ी देर के बाद गाडी अस्पताल के पास थी. गाडी रुकी पति-पत्नी अस्पताल के अंदर चल दिए. प्रो. कुमार अपना बैग भी कंधे पर रखे थे. जैसे कोई कीमती धरोहर हो. अंदर रिसेप्शन पर पुछ-ताझ कर वे जहाँ श्याम बाबू के पिता भर्ती थे वहाँ पहुँच गए. कमरे के बाहर श्याम बाबू खड़े थे. प्रो. कुमार ने उनसे पिता के तबियत के बारे में पूछा. श्याम बाबू ने धीरे से कहाँ, “थोड़ी देर पहले उन्हें वेंटीलेटर पर शिफ्ट कर दिया गया है. तबियत काफी नाजुक है. आगे जो भगवान की मर्जी हो.” प्रो. कुमार उनके कंधे पर हाथ रख उनका ढाढस बंधाया. फिर सभी कमरे के बाहर लगे कुर्सियों पर बैठ गए. सभी शांत बैठे थे, आचानक प्रो. कुमार बैग से अपना लैपटॉप निकाल लिए लैपटॉप और उससे लगे रिसीवर को आन किया फिर लैपटॉप पर कुछ करने लगें. थोड़ी देर के बाद कमरे से डॉक्टर साहब बाहर आते हैं. उन्हें देख श्याम बाबू तुरतं खड़े हो पूछते है, “ कैसे है मेरे पिताजी, कब तक ठीक हो जाएंगें ?” डॉक्टर- तबियत तो काफी नाजुक है, अभी वेंटिलेटर पर ही रहेंगे, पर कब तक ठीक होंगे यह कहना मुश्किल है. दोनों बाते कर ही रहें थे कि इधर प्रो.कुमार को ना जाने क्या सुझा वे रिसीवर को डॉक्टर की तरफ घुमा उनके मस्तिष्क को पढ़ने की कोशिश करने लगें. कंप्यूटर स्क्रीन को पढ़ वे सन्न हो गए. आँखे खुली की खुली रह गई. हाथ जम गया. आँख घुमा कर डॉक्टर को देखा. वे अभी भी सादगी की मूर्त बन श्याम बाबू को समझा रहें थे. ओह ! उनके आवाज में कितना अपना-पन था. प्रो. कुमार निशब्द थे. मन बेचैन हो गया था. लैपटॉप के स्क्रीन पर लिखा हुआ अभी भी प्रदर्षित हो रहा था, स्क्रीन पर लिखा था, “रोगी तो मर चूका है लेकिन इसे कैसे पता चलेगा, चलो कम से कम रात भर उसे वेंटीलेटर पर ही रखते है सुबह कह देंगे रात में ही चल बसे. इस तरह रात भर का वेंटीलेटर का चार्ज ,कमरे का चार्ज और कुछ दवा का चार्ज जोड़ देंगें.” डॉक्टर ने कुछ दवाओं का नाम लिख श्याम बाबू

को दिया और कहाँ, “नीचे मेडिकल स्टोर से इन दवाओं को मंगा लें बाहर जाने की जरूरत नहीं है ये सारी दवाएं आपको हॉस्पिटल के ही मेडिकल स्टोर में मिल जाएंगे. इतना कह डॉक्टर वहां से चल दिए. प्रो. कुमार कुछ देर तो आंखे बंद कर बैठे रहें मानो वहीं जड़ हो गए हो. फिर एक नजर अपने मित्र को देखा कुछ बोलना चाहते थे पर कुछ बोल ना पाए. एकाएक उठकर खडे हो गए थोड़ी देर मौन रहें फिर श्याम बाबू को बाले ईश्वर की इच्छा रही तो आपके पिता जल्द ही स्वस्थ्य हो जाएंगें. इतना कह प्रो.कुमार आँसू रोकते हुए अपनी पत्नी के संग बाहर चले आए. गाडी चली पर इस बार प्रो. कुमार बिल्कुल शांत थे . पास ही लैपटॉप वाला बैग था लेकिन अब उसे निकालने की हिम्मत ना रहा था. घर पहुँच हाथ-मुंह धो सीधे बिछावन पर चले गए. जब पत्नी ने खाने को पूछा तो कहाँ, “भूख नहीं तुम खा लो.” पत्नी जिद्द करने लगी. तो वे गुस्सा कर बोले, “कहाँ ना भूख नहीं, एक बार में नहीं सुनती हो क्या ?” पत्नी चुप हो गई सोची मित्र के पिता जी की तबियत ख़राब होने की वजह से चिंतित होंगे. परेशान करना ठीक नहीं है.

अगली सुबह प्रो कुमार जल्दी ही उठ गए. नित्य-क्रम से निविर्त हो चुप-चाप कुर्सी पर बैठ कुछ सोचने लगें. फिर जल्दी-जल्दी तैयार हो थोडा खाना खाया और ऑफिस को निकल पड़े. पत्नी ने कहाँ, “आज जल्दी ही जा रहें हो.” प्रो. कुमार – हाँ, आज कुछ जरुरी काम हैं.” इतना कह वे घर से निकल गए. नौ बजे के लगभग वे ऑफिस पहुँच गए. बाहर गार्ड ने उन्हें सलाम किया पर वे कुछ ना बोले. अंदर अपने कुर्सी पर जाकर बैठ गए. बैठे-बैठे चुप-चाप कुछ सोचने लगे जैसे कोई गहन विचार कर रहें हों. सामने टेबल पर लैपटॉप वाला बैग पड़ा था, जैसे तिरस्कृत कर दिया गया हो. लगभग घंटे भर वे ऐसे ही बैठे रहें. दस बजे के लगभग अन्य सहकर्मी भी पहुंचे, सहकर्मी, “ गुड मोर्निंग सर.” कह उन्हें विस करते. प्रो. कुमार उन्हें एक नजर देखते फिर नजर हटा लेते, कुछ ना बोलते. उनका चेहरा भावशून्य था. काफी देर सोचने के बाद सहसा उठ कर लैब की और चल दिए. लैब के अंदर जा कर बैग से लैपटॉप निकाला. थोड़ी देर उसे देखते रहें फिर आचानक उससे लगे डिटेक्टर को हटाकर डिटेक्टर जमीन पर पटक दिया. डिटेक्टर खंड-खंड हो गया था.

फिर लैपटॉप आन कर कुछ करने लगें. घंटे भर बीते होंगे कि रमेश का कमरे में प्रवेश हुआ. डिटेक्टर को खंड-खंड देख पूछा, “ये क्या किया सर ?” प्रो. कुमार बोले तोड़ दिया शायद इसकी कोई जरूत नहीं .अब मैं एक ऐसा यंत्र बनाने की कोशिश करूँगा जो मनुष्य मष्तिष्क के ईष्या, द्वेश, लोभ, क्रोध, अंहकार, नफरत आदि विकृतियों को दूर कर उसमे प्रेम, संतोष, भाई-चारा, इत्यादि उत्पन्न कर सके. प्रो.कुमार अभी भी लैब में लगे हुए है, ईश्वर करें उन्हें सफलता मिले.

2

कागज का चक्कर

लॉक डाउन होने के कारण मुरारी शहर से काम छोड़ अपने परिवार के संग गाँव आ गया था. पहले सूरत के एक टेक्सटाइल इंडस्ट्री में काम किया करता था. लगभग 15 वर्षो के बाद काम छोड़ वह गाँव लौट आया था. बड़े सपनों के साथ वह शहर कमाने गया था. सोचा था शहर से पैसा कमा कर गाँव में अपना एक पक्का मकान बनाएगा, बच्चो को पढ़ाएगा. लेकिन अब अधूरे सपनों को दिल में ले गाँव लौट कर अपने झोपडी की मरम्मत करवा रहा था. पास ही दोनों बच्चे खेल रहें थे और पत्नी काम में उसकी मदद कर रही थी. मुरारी के चहरे पर भविष्य की चिंता साफ दिख रही थी. बच्चे भी कुछ-कुछ माता-पिता की चिंता भांप रहे थे. अतः बीच-बीच में वे भी कम में कुछ मदद कर रहें थे. मुरारी अपने काम में मग्न था, तभी सरकारी स्कूल के एक मास्टर वहां से गुजरे. मुरारी को देख उन्होंने कहाँ, “अरे मुरारी भाई कैसे हो, शहर से कब आना हुआ?” मुरारी उन्हें देख, चहकते हुए एक ही श्वांस में बोला, “अरे मोहन अपना सुना, मैं तो कल ही लौटा हूँ.” दोनों बचपन के दोस्त थे. आज बहुत दिनों के बाद मिले थे, स्नेह का सेतु टूट पडा था. दोनों मित्र वार्तालाप में खो गए.

मुरारी- और तू अपना बता, तू क्या कर रहा है आजकल.

मोहन- बस दोस्त काफी दिनों तक सरकारी नौकरी की तैयारी किया, फिर कुछ ना होता देख बीएड कर लिया अभी एक सरकारी विद्यालय में

नियोजित शिक्षक हूँ.

मुरारी –बहुत अच्छा हुआ दोस्त, कम से कम सरकारी काम तो मिल गया. अपने को तो शहर से काम छोड़ फिर गाँव को ही आना पड़ा, अब तो चिंता इस बात की है कि यहाँ घर कैसे चला पाऊंगा, कमाई का तो कोई उपाय ही ना सूझ रहा है. फिर बच्चो की पढाई की भी चिंता है.

मोहन कुछ देर चुप रहा, फिर कुछ सोच कर बोला, "देख मेरी मान तो बच्चो को गाँव के सरकरी स्कूल में डाल दे,वहां जब स्कूल खुलेंगें तो बच्चों को मुफ्त में खिचड़ी खाने को मिल जाएगा. और फिर कई बार तो कुछ पैसे भी सरकार बच्चों के खातें में डालता है."

मुरारी मोहन के कहें अनुसार बच्चों का नाम सरकारी स्कूल में लिखवाने को राजी हो गया.

आज स्कूल खुल चूका है, बाहर बच्चे इधर- उधर दोड रहें है. इधर शिक्षक खिचड़ी के लिए चावल की मात्रा का हिसाब कर रहें है. मुरारी अपने बच्चो के साथ स्कूल आया हुआ है, अभी वह स्कूल दाखिल ही हुआ था कि किसी ने बतलाया की स्कूल में एडमिशन के लिए आधार कार्ड होना जरुरी हैं. अतः मुरारी बच्चो को साईकिल पर बिठा 20 कि.मी. दूर आधार सेंटर पहुँचा. वहां लम्बी कतार थी. किसी सज्जन ने उसे बतलाया की रात से ही लाइन लगना शुरू हो जाता है. उसी सज्जन ने उसे यह भी बतलाया कि उन्हें निवास और मुखिया का प्रमाण भी लाना होगा. मुरारी साइकिल चलाता हुआ घर लौट हो आया. घर आकर उसने अपने बड़े भाई से विचार किया. बड़े भाई ने उसे बतलाया कि निवास और जाती प्रमाण पत्र साथ-साथ बनवा लो आगे राशन कार्ड और पिछड़ा प्रमाण पत्र बनाने में काम आयेगा. फिर बड़े भाई ने समझाया, "तुम्हे इन कागजों को बनवाने में दिक्कत होगा, पास में एक दलाल रहता है वह हजार रुपए के लगभग में काम करवा देगा." "अरे भैया आप भी हर काम में दलाल के चक्कर में पड जाते है, कल मैं ब्लाक ऑफिस जाऊंगा और खुद ही सारे काम करवा कर आ जाऊंगा" मुरारी उत्साह से बोला. अगली सुबह मुरारी साईकिल पर सवार हो ब्लाक ऑफिस चल पड़ा. सुबह का समय था, ताजी हवा भह रही थी. मुरारी पूरे उत्साह से तेज गति से साईकिल भगाये जा रहा था. लगभग नौ बजे वह ब्लाक ऑफिस पहुच गया. बाहर

भारी भीड़ थी, लोग कागज ले कर इधर-उधर घूम रहें थे. लगभग साडे दस बजे ऑफिस खुला. कुछ बाबू पहुँच गए थे, कुछ पहुचने को बाकी थे. बाबू के पहुचते ही भीड़ हरकत में आने लगी. बाहर कुछ लोग लाइन लगवाने लगे. कुछ आपस में बहस कर रहे थे. कौन पहले आया यही बहस का विषय था. कुछ दलाल इधर- उधर घुम रहे थे. जिनसे दलालों ने पैसे लिए थे उन्हें काम करवाने का आश्वासन दे रहें थे. लगभग 12 बजे एक खिड़की खुली, एक बाबू खिड़की के उस और टेबल पर विराजमान थे. भीड़ में अफरा-तफरी मच गया था. मुरारी भी किसी तरह कतार में खड़ा हो गया. काफी देर तक स्थिर रहने के बाद कतार रुक-रुक कर धीरे-धीरे सरकने लगी. कागज जमा कर जब आवेदक पूछता कि कब तक निवास बन जाएगा तो बाबू तैस में कहता, “अभी कोई ठीक नहीं है साहब जब आयेंगे तो ही हो पाएगा.” जिनका कागज जमा हो जाता उन्हें लगता जैसे जग जीत लिया हों. इधर मुरारी भी बेसब्री से आगे के लोगों को देखता हुआ अपनी बारी के लिए अधीर हो रहा था. कई दलाल आगे पीछे घूम रहें थे और लोगों को काम करवा देने का भरोसा दे रहें थे. जो उनसे राजी हो जाता उसे दलाल अलग कहीं दूर ले जाता रुपया लेने के बाद उसके कागज को ले पीछे के दरवाजे से ऑफिस में प्रवेश कर जाता. इसी तरह दो बज गया खिड़की लंच ब्रेक के लिए बंद हो गई. इधर मुरारी भूखे होने के बावजुद अपनी जगह से टस से मस नहीं हुआ. जैसे जंग का कोई बहादुर सिपाही हो. खिड़की पुन: 3 बजे खुली. कतार फिर थोड़ी खिसकी. लेकिन खिड़की मुरारी के पहुच से अभी भी काफी दूर थी. ये क्या आचानक 4 बजे खिड़की क्यों बंद हो गई. पूछने पर मालुम चला समय समाप्त हो गया है. मुरारी दुखी मन से ऑफिस के कैंपस से बाहर निकल रहा था. मन ही मन वह काम ना होने के कारणों पर विचार कर रहा था. उसने सोचा आज मैंने आने में देर कर दी, कल मुझे जल्दी पहुचना चाहिए. फिर उसे ख्याल आया की उसके एक दूर के मामा जी यही पास के गाँव में रहते है, अच्छा होगा आज की रात वही बिता लूँ ताकि कल जल्दी पहुच सकूँ. फिर क्या था उसने साईकिल मामा जी के घर के तरफ दौडा दिया. कुछ देर के बाद वह मामा जी की यहाँ पहुँच गया. खाना खाने के बाद सोने से पहले उसने अपने मोबाइल में 2 बजे का अलार्म लगा

दिया. कल उसे जल्दी ही ऑफिस पहुच कर काम करवाना था. रात के ढाई बजे वह साईकिल पर सवार हो ऑफिस के लिए निकल पड़ा. अभी वह कुछ ही दूर आगे बढ़ा था कि पुलिस रास्ते में उसे रोक लिया. दरोगा ने पूछा," इतनी रात को कहाँ जा रहे हो?" मुरारी घबराते हुए कहाँ, " सर ब्लाक ऑफिस जा रहा हूँ."

दरोगा तैस में बोला-झूठ बोलता है.

मुरारी –नहीं सर मैं सच बोल रहा हूँ.

दारोगा- झूठ मत बोल जरुर तू चोरी करने निकला है. कल ही पास के ऑफिस से कुछ चोर बैटरी चुरा कर ले गया है.

फिर सारे सिपाही मुरारी को घेर लिए. मुरारी पहले तो घबडा कर अनुनय-विनय करने लगा, फिर थोडा साहस कर अपने कागजों को दिखा कर बोला, " साहब क्या कोई कागज ले कर चोरी करने निकलता है, मैं तो ब्लाक कल के लिए आगे नंबर पाने के लिए अभी जा रहा हूँ." अब दरोगा थोडा सतर्क हो गया. थोड़ी देर चुप रहा फिर बोला, "झूठ मत बोल, नहीं तो थाने ले जाऊंगा रात भर थाने में रहेगा तो सारी सचाई उगल देगा. अगर बचना चाहता है तो चल पाँच सौ रुपय निकाल." मुरारी किसी तरह दो सौ रुपय दे कर वहां से अपनी जान छुडाया. आगे बढ़ते हुए उसने बेचैनी से मोबाईल में समय को देखा, साढ़े तीन बज चुके थे, पुलिस के साथ इस बक-झक में उसके आधा घंटा बर्बाद हो चूका था. ओह आज फिर देर ना हो जाए, यह सोचते हुए वह पुनः अपनी साइकिल चलाता हुआ मंजिल की ओर बढ़ चला. लगभग चार बजे वह ब्लाक ऑफिस पहुँच चूका था. जल्दी से साइकिल खड़ा कर वह खिड़की की तरफ लपका. पर खिड़की की पास पहले ही कुछ लोग चादर ओढ़ कर सो रहें थे. ख़ैर वह भी उनके बगल में खड़ा हो गया.

धीरे- धीरे उजाला पसरता गया. खिड़की के नजदीक भीड़ बढती गई. अब सोए लोग भी जाग चुके थे. कौन कितने नंबर पर है इसकी चर्चा होने लगी थी. पहले से सोए हुए लोगों में से एक आदमी क्रम निर्धारित करने लगा. पहले से सोए हुए 13 लोग थे उन सब के बाद मुरारी का नंबर चौदहवा तय हुआ. क्रम निर्धारित हो जाने के बाद कुछ लोग अपना चप्पल, गमछा, रुमाल इत्यादि रख आस-पास घुमने लगें. उनके

गैरमौजुदगी में ये सामन उनके क्रम का प्रतिक था. दस बजते-बजते वहां का दृश्य कल जैसा ही रूपान्तरित होता गया. ऑफिस कैंपस में भीड़ अपने चरम पर पहुँच गई थी. कतार में धक्का- मुक्की हो रही थी. दलाल काम करा देने का दिलासा दे इधर-उधर घूम रहें थे. लगभग साढ़े ग्यारह में खडकी खुली. खिड़की के पीछे बाबू फिर विराज्यमान हुए. मालूम चला की बाबू आज जाम में फस गए थे जिसके चलते आने में उन्हें विलम्ब हो गया. थोड़ी देर के बाद लाइन थोड़ी खिसकी. मुरारी अधीर हो प्रतीक्षा करता रहा. जैसे एक विक्षिप्त प्रेमी हसरत भरी निगाहों से अपनी प्रेमिका को देखता है वैसे ही मुरारी एक-टक खिड़की को दख रहा था. दो बजे लंच के लिए खिड़की पुनः बंद हुई, मुरारी खड़ा प्रतीक्षा करता रहा. 3 बजे पुनः खिड़की खुली, हलचल मची. साढ़े तीन तक 9 लोग खिड़की तक पहुचने में सफल हो गएँ थे. अब मुरारी से आगे चार लोग थे. एक जाबाज सिपाही की तरह पूरे हौसेल के साथ मुरारी डटा हुआ था. इरादे मजबूत थे. पौने चार हो गए अब दो आदमी मुरारी से आगे था. मंजिल करीब थी, बेचैनी बढती जाती थी. मुरारी मन ही मन इश्वर की वंदना कर रहा था. अब चार बजने में दस मिनट ही बाकी था और केवल एक ही आदमी मुरारी से आगे था. दिल की धडकन तेज होती जाती थी.उसका नम्बर आने ही वाला था.लगता साधना का फल मिलने ही वाला था. यह क्या आचानक से बाबू की मोबाइल की घंटी बज पड़ी. बाबू बात करने लगे. फोन पर किसी को काम करवा दने का दिलासा दे रहें थे. समय गुजरता जा रहा था. मुरारी की अधीरता बढती ही जा रही थी. इधर दीवाल पर टंगी घडी की सूई चार को पार कर रही थी. कुछ देर के बाद फोन काटता हुआ बाबू बडबडाता हुआ बोला, " आज तो बहुत देर हो गई, लाओ जल्दी से अपना कागज बढाओ. फिर जल्दी-जल्दी आगे वाले व्यक्ति का काम किया. इधर मुरारी एक-टक खिड़की को देख रहा था कि आचानक खिड़की तेज आवाज के साथ बंद हो गई. मुरारी के हसरतो पर जैसे वज्राघात हो गया. अरमान चूर-चूर हो गए. मेहनत व्यर्थ हो गया. प्रेमी प्रेम में असफल हो गया. दुःख से मुरारी अपनी आंखे बंद कर लिया. तभी किसी ने उसके पीठ पर हाथ फेरा, मुरारी पीछे मुड देखा. यह वही सज्जन थे जो सुबह से लोगों को काम करवा देने का दिलासा दे घूम रहा थे.

सज्जन- क्यों काम नहीं हुआ क्या?

मुरारी ने धीरे से नकारात्मक रूप से सर हिलाया.

सज्जन- कोई बात नहीं हम आपका काम करवा देंगें.

लगा भटके नाव को किनारा मिल गया. उम्मीद पुनः जागृत हो गई. खंडित हसरत फिर से एकीकृत हो गए. मुरारी विनती पूर्वक बोला- हाँ सर किसी तरह मेरा काम करवा दीजिए, कल से दौड़ रहा हूँ, आज भी सुबह से अन्न का एक निवाला भी नहीं लिया हूँ.

सज्जन- ठीक है भाई साहब मैं अभी आपका काम करवाता हूँ. बस आप एक हजार रूपए निकाले, फिर देखें कैसे आपका काम होता है.

मुरारी- सर एक हजार रूपए तो बहुत ज्यादा है, थोडा कम कर दीजिए सर.

सज्जन- अरे भाई इसी में नीचे से उपर तक मैनेज करना है, यह जो नया अधिकारी है वह 400 से कम पर मानता ही नहीं है, उपर से बाबू , कंप्यूटर ओपेरटर इत्यादि सब को मैनेज करना है भाई.

किसी तरह 700 पर मामला तय हुआ. एकांत में जा कर रूपए की लेन-देंन हुई. फिर वह सज्जन मुरारी का फॉर्म को ले पीछे के दरवाजे से अंदर गया. मुरारी बाहर प्रतीक्षा करता रहा. थोड़ी देर बाद वह सज्जन बाहर आए. मुरारी को रसीद देते हुए गर्व से बोलें, “यह रसीद रखिए, आपका काम हो गया है, चार दिनों के बाद इस रसीद को लेकर आईएगा और अपना प्रमाण पत्र ले लीजिएगा, कोई दिक्कत हो तो मेरा नंबर ले लीजिए सम्पर्क कर लीजिएगा.” मुरारी की खुशी का ठिकाना ना था. लगा जैसे कोई युद्ध जीत लिया हो, जैसे साधना पूर्ण हो गया हो. यह सज्जन आज उसके लिए देवदूत से कम ना थे. कंठ से आभार के शब्द फुट पड़े.

मुरारी खुशी-खुशी उत्साह से साइकिल चलाता घर चल दिया. ऐसा लगता जैसे कोई योद्धा युद्ध जीत कर आ रहा हो, जैसे कोई प्रेमी लम्बी जुदाई के बाद प्रेमिका से मिल कर आ रहा हो. चार दिनों के बाद मुरारी रसीद ले कर फिर ऑफिस पहुँचा. उस सज्जन से उसने पहले ही फोन पर बात कर लिया था. तय स्थान पर पहुच उसने सज्जन को रसीद दिया. रसीद लेकर सज्जन फिर पीछे के दरवाजे से अंदर गया और थोड़ी देर

बाद प्रमाण पत्र लाकर मुरारी को दे दिया. मुरारी सज्जन को धन्यवाद देते ना थकता.

आज मुरारी दोनों बच्चो को साइकिल पर बिठा आधार केंद्र जा रहा है. लेकिन आज पहले की भांति बेचैनी ना है. चहरे पर संतोष के भाव है. पहले जैसी जल्दी नहीं है. लगभग 11 बजे वह आधार केंद पहुँचा. आधार केंद्र पर काफी भीड़ थी . लम्बी कतार और लम्बी होने के लिए उसका प्रतीक्षा कर रही थी. लेकिन इस बार वह कतार का हिस्सा ना बना. तटस्थ खड़ा हो मौहोल को भांपता रहा. पास ही कुछ दलाल काम करवा देने का आश्वासन दे घूम रहें थे. मुरारी इन्ही में से किसी एक सज्जन के पास पंहुचा, फिर दबी आवाज में लेन-देन तय हुआ. 500 रूपए में बात तय हो गई. मुरारी बंद मुट्ठी में छुपा कर 500 रूपए उस सज्जन को दिया. पैसे ले सज्जन पीछे के दरवाजे से अंदर गए. मुरारी बाहर प्रतीक्षा करता रहा. बाहर भीड़ धक्का- मुक्की कर रही थी. मुरारी तटस्थ खड़ा चुपचाप भीड़ को देख रहा था. थोड़ी देर के बाद वह सज्जन बाहर आए और इशारे से मुरारी को अंदर आने को कहाँ . मुरारी बच्चो के साथ सम्मान पूर्वक अंदर गया. लगभग 15 मिनटों के बाद अपना काम करवा गर्व से बाहर आ गया. जैसे कोई उच्च कौशल प्राप्त हो गया हो, जैसे कोई फार्मूला मिल गया हो वैसी अनुभूति उसे हो रही थी. वह गर्व से कदम बडाये जा रहा था. भीड़ अभी भी बाहर धक्का-मुक्की कर रही थी. कतार अभी भी लम्बी होती जा रही थी. दलाल अभी भी पीछे के दवाजे से अंदर जा रहे थे.

3

फिर गाँव की ओर

समाज में अपंनी धौंस ज़माने की चाह अधिकांश लोगों में होती है। आजकल तो शिक्षा भी धौंस जमाने की ही साधन भर रह गई है। कई लोगो के लिए अच्छी शिक्षा का अर्थ कोई रौबदार नौकरी जैसे डी.एम , एसपी इत्यादि है। कोई धन से, कोई पद से तो कोई बल से अपनी इस इच्छा की पूर्ति करता है। जैसे धर्म अनेक है पर लक्ष्य एक ही है वैसे ही साधन अनेक है पर लक्ष्य एक धौंस जमाना है।

निर्मल बाबू धन से इस चाह की पूर्ति करने वाले व्यक्ति थे। वे धन का प्रदर्शन कर समाज में अपनी धौंस जमाये हुए थे। महंगी गाड़ी में घूमते, आलीशान भवन में रहते , महंगी इलेक्ट्रॉनिक गैजेट का उपयोग करते, कहीं जाते तो कहते कि बिना ऐ.सी. के उन्हें दिक्क्त होती है। लोगो को उन्होंने धन के प्रदर्शन से वशीभूत सा कर दिया था। लोग उन्हें हसरत भरी निगाहों से देखते, उनकी चर्चा करते, उनसे मिलकर अपने आप को भाग्यवान समझते। निर्मल बाबू धन के प्रदर्शन के प्रतिफल स्वरुप समाज में अतिरिक्त महत्व पाते।

निर्मल बाबू गाड़ियों के विक्रेता थे शहर के बीचो-बीच उनका एक भव्य शोरूम था । सलाना करोड़ो की आमदनी थी। ऐसे धनवान व्यक्ति के अगर लोग कद्रदान थे तो इसमें कोई आश्चर्य नहीं ! परिवार में पत्नी के अतरिक्त एक पुत्र था। पुत्र का नाम राजकिशोर था। निर्मल बाबू ने उसे बड़े नाज से पाला था। उसकी हर इच्छाओं को पूरा करना अपना

धर्म समझते थे। उसके लिए खिलौने लाते, दाइयाँ रखते, शहर की महंगे स्कूल में भेजते। पुत्र को सम्पन्ता विरासत में मिली थी।

समय बीतता गया, राजकिशोर ने बाल्यावस्था से किशोरावस्था में प्रवेश कियें। कॉलेज की शिक्षा के लिए पिता ने राजकिशोर को इंग्लैंड भेजा। वहाँ के नामी मैनेजमेंट विश्वविद्यालय में उनका दाखिला हुआ । पुत्र की विदेश शिक्षा पिता के लिए अपनी अमीरी दिखाने का एक और साधन सिद्ध हुआ। वह अक्सर अपनी मित्र मंडली में अपने पुत्र की विदेश शिक्षा की चर्चा करते,पुत्र द्वारा भेजे गये फोटो को फेसबुक पर साझा करते और सबों को बताते की लाखो-लाख तो केवल साल की फीस है उस पर हॉस्टल फीस अलग से, कुल मिलाकर लगभग करोड़ का खर्च है, लोग श्रद्धा से उनकी बातों को सुनते। इन चर्चाओं से उन्हें आत्मतुष्टि मिलती।

लगभग चार वर्षो के बाद राजकिशोर शिक्षा ग्रहण कर वापस भारत लौटा। पिता अक्सर अपने मित्रों अथवा सम्बन्धियों से उसे मिलवाते और उसके विदेश में शिक्षा पाने के बारे में लोगो को बतलाते। शादी-ब्याह के अवसर का तो वें भरपूर उपयोग करते, पुत्र को अपने मित्रों से मिलाते और गर्व से कहते मेरे बेटे ने इंग्लैंड से मैनेजमेंट की पढ़ाई पूरी की है। पुत्र की विदेश शिक्षा निर्मल बाबू की प्रतिष्ठा में चार चाँद लगाती।

धीरे-धीरे राजकिशोर भी व्यापार में अपने पिता का हाँथ बटाने लगा। पिता के साथ वह भी शोरूम जाता, व्यापार में उन्हें सलाह देता। निर्मल बाबू को अब अपने पुराने कर्मचारियों की जगह अपने पुत्र की सलाह ज्यादा समयोचित लगती। अक्सर अपने कर्मचारियों की सलाह को नजरअंदाज कर वे अपने पुत्र की बात को मानते। उन्हें लगता विदेश से शिक्षा ग्रहण किये हुए उनके पुत्र के समक्ष इन कर्मचारियों के सलाह का क्या महत्व?

अपने यहाँ शादियों में दहेज़ का काफी प्रचलन है। दहेज़ लेना शान की बात है और अगर लड़का सरकारी नौकरी में है तो पूछो ही मत। आजकल तो सरकारी नौकरी वाले लड़के के लिए एक चार-चक्का गाड़ी पक्का। लड़की वाले आर्थिक रूप से मजबूत और स्थाई कमाई वाले लड़के के लिये ललायित रहते है, फलस्वरूप ऐसे लडको का परिवार मोटी दहेज

की माँग करता है। दहेज़ समाज का एक कलंक है जिसे समाज गर्व से अपने माथे पर लगाए हुए है।

हर साल लगन के समय गाड़ियों की बिक्री में काफी बढ़ोतरी होती। निर्मल बाबू को लगन के समय करोडो की कमाई होती, फिर लगन समाप्त होते ही बिक्री में कमी आती, व्यापार सामान्य हो जाता। यह चक्र हर वर्ष चलता। इस वर्ष भी यही हुआ लगन आई कमाई बेतहाशा बढ़ी फिर लगन उतरते ही सामान्य हो गई। पिता लगन के उपरान्त कमाई घटने पर भी हर साल की तरह निश्चिन्त थे, उनके लिए यह हर साल की तरह ही था लेकिन पुत्र चिन्तित था, कमाई का घटना उसके लिए चिंता का विषय था वह विचारमग्न रहता। लगन न होने पर भी कमाई कैसे बढ़ाई जाये इसके लिए युक्तियाँ तलाशता रहता। काफी सोच विचार करने पर उसे एक युक्ति सुझी।

अगले दिन पिता शोरूम में निश्चिन्त बैठे थे, पास बैठे अन्य कर्मचारी गप्पे कर रहे थे। लगन भर उन लोगो को चैन न था, पुरे लगन देर दस बजे रात तक काम किया था इन कर्मचारियों ने। इस समय काम कम था। अतः सभी निश्चिंत से थे। अचानक राजकिशोर ने गंभीर भाव में पास बैठे पिता से कहा- “डैडी! आजकल व्यपार में गिरावट आ गई है।” पर पिता ने निश्चिन्तता से कहा-“हाँ अभी लगन नहीं है अगली लगन में फिर व्यपार में तेजी आयेगी यह तो हर साल की बात है बेटा।” “यह हर साल की बात है सोचकर जो आप इस मंदी को नजरंदाज करते है यही तो भूल है डैडी, हर साल-हर साल कहने के बजाये सेल्स बढ़ाने के लिये हमें कोई मार्केटिंग स्ट्रेटेजी सोचनी होगी,” राजकिशोर ने थोडा आक्रोश से कहा। पिता ने असमंजस भरी निगाहों से पुत्र को देखा और कहा- “ ये मार्केटिंग स्ट्रेटेजी क्या होती है बेटा?” बेटे ने विचारक की तरह अंग्रेजी में पिता से कहा, "It is an overall plan to achieve the maximum sales." पिता को कुछ समझ तो ना आया पर पुत्र की बातों से गर्व की अनुभूति हुई। पिता ने उत्साह से कहा, “बेटा मैं ठहरा गावँ का पढ़ा लिखा, मैं तुम्हारे बराबर कहाँ जानता हूँ? मुझे ये सब बातें कहाँ समझ में आती है, अतः तुम्हे जो समझ आयें, वह करो।”

पिता की स्वीकृति मिल जाने के बाद राजकिशोर अपने मार्केटिंग स्ट्रेटेजी को क्रियान्वित करने में तत्परता से लग गया। उसने सोचा कि पहले उन्हें अपने शोरूम के मार्केटिंग पर ध्यान देना होगा। शोरूम को प्रचारित करने हेतु शोरूम के आस पास लोगो की आवाजाही बढ़ानी होगी। काफी सोच विचार करने के उपरांत उसने एक तरकीब सोची उसने सोचा क्यों न एक हाथी शोरूम के आगे बाँध दिया जाये, आने जाने वाले लोग एक नजर हाथी को देखने के लिये रुकेंगे, जिसके कारण उनके शोरूम के आस पास भीड़ एकत्रित होगी और उनका शोरूम ज्यादा से ज्यादा प्रचारित होगा। अतः इस बार के सोनपुर के पशु मेला से वे एक हाथी खरीद लायें। हाथी काफी आकर्षक और भीमकाय था। विशाल सुदृढ़ शरीर, लम्बी सुढ,सफेद चमकते मोती से दाँत, मदमस्त चाल देखने से प्रतीत होता कि साक्षात भगवान गजानन का ही अवतार हों। शोरूम के आगे उन्होंने एक फूस की झोपड़ीनूमा सरंचना का निर्माण करवाया और उस में गजराज का निवास बनाया गया। जैसे इत्र की खुशबु ध्यान आकृष्ट कर लेती है वैसे ही गजराज के आकर्षण से वशीभूत हो लोग उसे निहारते रहते नतीजतन अब शोरूम के के आगे भीड़ रहती। मार्केटिंग की उनका यह तरकीब काम कर गईं , शोरूम के प्रचार प्रसार में वृद्धि होने लगी फलस्वरूप लगन न होने के बावजुद बिक्री में काफी इजाफा हुआ, लगन के बराबर आय तो न हुई पर आय में दृष्टिगोचर वृद्धि हुई। पिता फायदे से ज्यादा पुत्र की काबिलियत से खुश थे, उन्हें लगता विदेश की शिक्षा काम आ रही है। गर्व से पिता की छाती चौड़ी हो गई। जैसे जग जीत लिया। उन्हें लगा यही समय है व्यवसाय का भार शिक्षित पुत्र को सौंप कार्यनिवृत हो जाना चाहिए। अतः निर्मल बाबू एक दिन व्यवसाय का भार पुत्र को सपुर्द कर अपने गाँव चले गयें।

लाभ की चाह एक ऐसी प्यास है जो कभी तृप्त नहीं होती। राजकिशोर की सिर पर लाभ का भूत सवार था, हर समय सोचता रहता कैसे अधिक से अधिक लाभ प्राप्त किया जाये। कुछ ही दिनों के बाद ऐसा लगने लगा की फायदे का ग्राफ जिस तेजी से आरम्भ में बढ़ा था उसमे अब वह तेजी न रही और फायदे में कुछ स्थिरता सी आ गई है। काफी सोच-विचार करने के उपरान्त उन्हें लगा की उनके व्यवसाय का

ऑपरेटिंग कॉस्ट(संचालन-व्यय) ज्यादा है अगर वे ऑपरेटिंग कॉस्ट को कुछ काम कर दें तो फायदा बढ़ जायेगा। काफी गहन चिंतन के बाद राजकिशोर इस निष्कर्ष पर पहुँचे कि पुराने कर्मचारियों का वेतन ज्यादा है उनके बदले नए लड़को को यहाँ नियुक्त किया जाये तो वे कम वेतन पर भी काम करने को राजी हो जायेंगे। इस तरह से ऑपरेटिंग कॉस्ट काफी कम हो जायेगा। एकाएक पुराने कर्मचारियों की छँटनी कर दी गई, उनके जगह नए लड़को की नियुक्ति हुई, बेरोजगारी के कारण वो कम वेतन पर ही काम करने को तैयार हो गयें। वे कर्मचारी जो व्यवसाय के प्रसार के लिए कभी पसीना बहाये थे आज सड़कों पर थे।

व्यवसाय में ग्राहकों के साथ मैत्रीपूर्ण विश्वासजनक सम्बन्ध का ही महत्व है। मैत्रीपूर्ण विश्वसनीय सम्बन्ध वह पाश है जिससे ग्राहक बंधा रहता है। इसके आभाव में व्यवसाय विकसित नहीं होता। पुराने कर्मचारी ग्राहकों के लिए विश्वसनीय चहरे थे। राजकिशोर जो व्यवसाय में नए थे अभी ग्राहकों में विश्वसनीयता प्राप्त नहीं कर पायें थे। अतः पुराने कर्मचारियों के एकाएक चले जाने से उनसे सम्बन्धित ग्राहक टूटने लगे। व्यवसाय धीरे धीरे मंद होने लगा। इधर मौका देख शहर के ही एक नेता ने अपने एक शोरूम का उद्घाटन कर दिया। पुराने कर्मचारियों को उसने हाथो-हाथ लिया। नतीजन उनसे सम्बंधित सभी ग्राहक अब नेता जी के शोरूम में जुटने लगे। राजकिशोर जी का बाजार में अधिपत्य अब टूटने लगा। बाजारू प्रतियोगिता के लिए अभी वे पूरी तरह तैयार न थे, प्रतियोगी बाजार में वे अब पिछड़ने लगें। उनका व्यवसाय और मंद होता गया। फायदे का स्तर निरंतर घटने लगा। राजकिशोर चिंतित रहने लगे। हर समय फायदे में कमी का कारण ढूंढ़ने में व्यस्त रहते। आर्थिक संकट अपने साथ - साथ कलह भी लाता है। अब राजकिशोर अकसर बिना किसी कारण के भी कर्मचारियों को फटकारते। ऐ.सी. की हवा अब उन्हें फिजूलखर्ची लगती। अब हाथी के आहार पर किया जाने वाला खर्च भी उन्हें पैसो की बर्बादी ही लगती। एक दिन उन्होंने अपने कर्मचारी को कह ही दिया, "यह पेटू हाथी व्यर्थ ही पड़ा-पड़ा ढाई मन आहार खाता है, खा-खा कर मोटा हुआ जाता है, इस आलसी हाथी का आहार कल से कम कर दों।" हाथी का आहार पहले से आधा हो गया पर

कुछ दिनों के बीतने के बाद भी हाथी के भीमकाय शरीर पर कोई विशेष अंतर न पड़ा। हाथी के भीमकाय शरीर में कोई अंतर न देख राजकिशोर को लगा कि वह व्यर्थ ही हाथी के आहार पर इतना ज्यादा खर्च किया करता था इसके लिए तो आधा भोजन भी काफी है। क्यों न इसके आहार को और कम कर दिया जाये। अब हाथी का आहार पहले से लगभग एक चौथाई ही रह गया। कुछ दिनों के बीतते ही हाथी के भीमकाय शरीर में अंतर साफ-साफ दिखने लगा, चहरे की आभा घटने लगी, भीमकाय शरीर सिमटने लगा,चाल भी मंद होने लगी, गजराज का पुराना आकर्षण बिल्कुल विलुप्त हो गया।

इधर व्यवसाय धीरे-धीरे फायदे के बजाय नुकसान में बदलने लगा। हालत यह हो गई कि अबकी लगन में भी व्यवसाय हानि में ही रहा। एक दिन राजकिशोर चिन्तावस्था में शोरूम में बैठे थे, बाहर गर्म हवाएँ चल रही थी। अचानक बाहर से धड़ाम की आवाज हुई, राजकशोर दौड़ कर बाहर की ओर भागे, पीछे -पीछे कर्मचारी भी भागा। बाहर देखा तो आवाक रह गए सामने गजराज भूमि पर मूर्छित गिरा पड़ा है, दौड़ कर हाथी के करीब पहुँचे , हाथी के मुँख पर पानी छीटॉ गया, पर हाय ! वह उठ ना सका। हाथी का कमजोर शरीर गर्म मौषम की गर्म हवाएँ ना सह सका।

तमाम प्रयत्नों के बावजुद भी हानि बाढ़ के पानी की तरह बढती ही रही। स्थिति को भाँप कर्मचारी भी इधर-उधर काम तलाशने लगे और धीरे-धीरे उनका साथ छोड़ने लगें। स्थति बद से बदतर होती गई, अब कोई उपाय ना था शोरुम बंद कर राजकिशोर जी भी जीवकोपार्जन के लिए अन्य रोजगार ढूंढने लगें.

समय बीत चूका है। कोट-टाई लगा कंधे पर लैपटॉप लिये हुए एक सज्जन बाइक पर सवार हो तेजी से कहीं जा रहें है। वे शहर के एक आलीशान घर के समीप अपनी गाड़ी रोकते है। घर के गेट पर लिखा है कुत्ते से सावधान। सज्जन गेट खटखटाते है। पास बैठा गॉर्ड गेट के करीब आकर पूछता है -"क्या बात है किनसे मिलना है। " सज्जन ने विनम्रता से कहा-“मैं नेता जी के शोरूम का सेल्स मैनेजर हूँ मुझे आपके मालिक से मिलना है." गार्ड ने झुँझला कर कहा -"वे अभी किसी से नहीं मिलते

है।" सज्जन -"एक बार पूछने की कृपा करे मैंने कॉल कर उनसे मिलने का समय लिया था।" इतने में घर के मालिक वहाँ आ गए गार्ड ने सलाम कर मालिक से कहाँ – "ये श्रीमान आपसे मिलना चाहते है।" सज्जन ने उत्सुकता से कहा -"सर आई ऍम राजकिशोर, मैं नेता जी के शोरूम का सेल्स मैनेजर हूँ, मैं आपको गाड़ियों के कुछ नय मॉडल के बारे में जानकारी देना चाहता हूँ। इतना कह सेल्स मैनेजर राजकिशोर ने बिना उत्तर की प्रतीक्षा किये तुरंत बैग से लॅपटॉप निकाल कर प्रेजेंटेशन देना प्रारंभ किया । घर के मालिक ने कुछ देर तो ध्यान से सुना फिर बीच में ही रोकते हुए कहा-" राजकिशोर जी मुझे ये मॉडल पसंद नहीं। " कोई बात नहीं सर अभी और भी मॉडल है" इतना कह राजकिशोर ने लैपटॉप में स्लाइड्स को बदलना चाहा पर घर के मालिक ने थोड़ा क्रुद्ध भाव में कहा -"कहा ना पसंद नहीं है " राजकिशोर ने मुस्कुराते हुए लैपटॉप को बंद किया और बैग में रख थैंक्स कह बाइक पर सवार हो चल दिया।

समय बीतता गया, इसी दौरान राजकिशोर की शादी भी हो गई। दो बच्चे भी हो गए, समय के साथ वे युवावस्था से प्रोढ़ावस्था में प्रवेश कर चुके थे। अब उनमे युवावस्था जैसा उत्साह नहीं रहा, लेकिन काम का बोझ ज्यो का त्यों है, उपर से गृहस्थी की जिम्मेदारी अलग, अत्यधिक काम, रोज की भागदौड़ ने उन्हें और अधिक कमजोर कर दिया है । अब वे जल्दी थक जाते, ज्यादा भागदौड़ नहीं हो पाती, लेकिन काम अब भी उतना ही है। रोज सुबह नौ बजे ऑफिस पहुंचना, क्लाइंट्स का लिस्ट ले कर सभी को कॉल करना फिर चाहे तेज गर्मी हो या मूसलाधार बारिश ग्यारह बजे तक फिल्ड में निकलना एक-एक से मिलना उन्हें गाडियों के बारे में समझा कर खरीदने के लिये राजी करना और तब तक कॉल करते रहना जब तक की वह नेता जी के शोरूम से गाड़ी खरीद ना ले या स्पष्ट ना न कह दें। रविवार को उन्हें घर पर पूरे सप्ताह की रिपोर्ट बनाना होता जिसे सोमवार को नेता जी का लड़का देखता यदि ग्राहक कम बने होते तो उन्हें डॉटता।

गर्मी का मौसम था। बाहर निकलने पर लगता गर्म हवायें शरीर को झुलसा देंगी। ऐसी गर्मी राजकिशोर जी के कमजोर शरीर को झकझोड़ देती जिसका प्रभाव उनके काम पर भी दिखता। अब वे दिन भर में एक

दों क्लाइंटों से ही मिल पाते, चेहरे पर थकावट के भाव रहते, आवाज में धीमापन रहता, बाल बिखरे रहते, ओज क्षीण रहता। उनकी बातों में पहले जैसा आकर्षण न था, ऐसे में वे क्लाइंट्स को प्रभावित भी न कर पाते। नतीजतन वे ज्यादा ग्राहक नहीं बना पाते। अक्सर नेता जी का लड़का उन्हें डॉटता रहता।

सोमवार का दिन था, राजकिशोर जी सप्ताह भर की रिपोर्ट नेता जी के लड़के को प्रस्तुत कर रहे थे, नेता जी राजकिशोर के परफॉरमेंस से काफी खिन्न थे। उन्होंने झुझलाकर,फाइल लगभग फेकते हुए कहा- "यह क्या है? राजकिशोर जी!आप इस हफ्ते केवल दो गाड़ी ही सेल करवा पाएं, और आप केवल दस क्लाइंट्स से ही मिल पाएं, आप टारगेट से काफी पीछे है, पिछले हफ्ते में भी आप का यही रवैया था।" राजकिशोर जी सर झुका कर खड़े थे, सर झुकाकर ही, डरते-डरते धीरे से कहा-"सर अत्यधिक गर्मी के कारण फील्ड में ज्यादा घूम नहीं पाया।" इतना सुनते ही नेता जी के लड़के का गुस्सा सातवे आसमान पर चढ़ गया, अपना आपा खो बैठे और तेज आवाज में गुस्से से बोलें- "एक तो काम नहीं करते है, उपर से बहाना बनाते है, हम आपको वेतन कोई खैरात में नहीं देते है, आपको परफॉर्म करना ही होगा अगर नहीं कर सकते है तो छोड़ दीजिये नौकरी, हमारे पास लोगों की कमी नहीं, एक से एक कैंडिडेट अपना रिज्यूमे दे रखे है, आपके भरोसे यह शोरूम नहीं चल रहा है।" राजकिशोर जी ने लगभग काँपते हुए कहा-" नो सर,सॉरी सर,आई विल परफॉर्म सर,सॉरी सर।" "ओके यह अंतिम चांस है आपके लिये, इस वीक आप पांच गाड़ी सेल करवायें अन्यथा बाहर जायें हमारे पास बहुत सारे यंग एम.बी.ए. कैंडिडेट्स के रिज्यूमे पड़े है, मै उनमे से किसी को रख लूँग।" राजकिशोर ओके सर कहते हुए बाहर आयें। दोपहर का समय था, बाहर तेज धूप थी, लेकिन धूप की परवाह किये बिना बाइक पर सवार हो तेजी से निकल पड़े। दिन-भर दफ्तरों, दुकानों,कॉलेजों इत्यादि की खाक छॉनते रहें,पकड-पकड कर लोगों को समझाते अधिकांश लोग मिश्रित या नकारात्मक जवाब देकर आगे बढ जाते। शाम को थक हार कर घर आ गए।चिंता उनके चहरे पर हमेशा व्याप्त रहती थी अतः पत्नी भी उनकी मनोदशा भांप ना पाई। रात भर चिन्ता मे सो ना पायें सोचते रहे

किस तरह इस सप्ताह पाँच ग्राहक बनाया जायें। इसी बीच उनकी नजर पास सोयें बच्चो पर गई,और आचानक उनकी आँखे भींग गई।

दिन बीतते गयें, यही क्रम चलता रहा। आज शनिवार है, राजकिशोर जी अब तक तीन गाड़ियों को बेचवाने में सफल हो चुके है अभी भी टारगेट पूरा करने के लिए दों ग्राहकों की जरूरत है। आज वो जल्दी ही घर से निकल पड़े, नाश्ता भी ठीक से ना किया, पत्नी पूछती रही पर कुछ ना बताया। आज बाइक वो कुछ धीरे-धीरे चला रहे थे, आचानक से बाइक एक पान के दुकान के समीप रोका और एक सिगरेट खरीदा, सिगरेट सुलगा कर वहीं मेंज पर बैठ गयें, वैसे वे सिगरेट के आदी ना थे। सिगरेट की कश लेते हुए सोचने लगें चार लोगों ने उन्हें सकारात्मक प्रतिक्रिया दिया है, आज इन चारों से मिलूँगा इनमे से दों से भी बात बन जायें तो काम हो जायेगा। यह सोचते ही उनके हौसले में कुछ वृद्धि हुई, सिगरेट फेंका और बाईक पर सवार हो तेजी से चल दियें। लगभग ग्यारह बजें वें आज के अपने प्रथम क्लाइंट् के आवास पर पहुंच गएँ, ये सज्जन मिलनसार और खुशमिजाज किस्म के व्यक्ति थे, उन्होंने गर्मजोशी से राजकिशोर जी का स्वागत किया, चाय-पानी के लिये भी पूछा, राजकिशोर जी को किसी क्लाइंट्स से ऐसा स्वागत कम ही नसीब होता था, वैसे तो वे इस तरह के स्वागत के लिये आतुर रहते, लेकिन आज मन कही और था, इस स्वागत में भी आत्मसम्मान न था। सज्जन आराम से चाय पीते और इधर-उधर की बाते करते। इधर राजकिशोर का मन बेचैन था, वह गाड़ी के लिये हाँ सुनने के लिये अधीर थे। राजकिशोर बार-बार गाड़ी के विषय को छेड़ते मगर वो सज्जन बात को कही और मोड़ देते अन्ततः लगभग आधे घंटे के वार्तालाप के बाद सज्जन ने कहा कि वो गाड़ी खरीदने को तैयार है, लोन के लिये अर्जी दे रखी है,उम्मीद है आज स्वीकृत हो जाए तो मैं रविवार को आपके शोरूम पर पधारू। सज्जन के बातों से राजकिशोर के उम्मीदों को बल मिला। राम-सलाम कर बाहर निकले, मन में ढांढस बंधा। सोचे चलो आज के पहले ही प्रयास में बात बन गई। फिर बाइक पर सवार हो तेजी से निकल पड़े, आगे जाकर एक दुकान से बिस्कुट खरीदा खा कर पानी पिया और आगे बढे। उम्मीद ने भूख को जागृत कर दिया था। कुछ देर के बाद वे आज के

अपने दुसरे क्लाइंट के दरवाजे पर थे। ये सज्जन कुछ कठोर स्वाभाव के व्यक्ति थे, राजकिशोर जी को बैठने के लिये भी ना पूछा, उलटे झल्ला कर कह दिया –" मुझे कोई मॉडल पसंद नहीं आया, आप कृपा कर जायें।" यह वाक्य राजकिशोर जी के लिए शूल चुभने के सामान था, पर मन को फिर ढांढस बँधाया और बाइक की ओर बढ़ गएँ।

दोपहर के दो बज चुके थे,तेज धूप शरीर को झुलसा रही थी,सडक वीरान थी,एक-दों लोग कहीं-कहीं दिखाई देते थे। लेकिन राजकिशोर जी अभी भी तेजी से बाइक दौडायें जाते थे। बेचैन मन को धूप की परवाह कहाँ! तीसरे क्लाइंट का घर ज्यादा दूर ना था अतः पहुँचने में ज्यादा देर भी नहीं लगी।यह क्लाइंट काफी सम्पन्न और शौकीन किस्म का व्यक्ति था, फोन पर बात-चीत से राजकिशोर जी ने यह अनुमान लगा लिया था कि इसे एक नई गाड़ी की सख्त जरूरत है, उन्हें पूरा भरोसा है कि यहाँ बात बन जायेगी। पर यह क्या! यहाँ तो ताला लगा है। राजकिशोर जी का मन व्याकुल हो उठा तुरंत जेब से मोबाइल निकला और इस सज्जन को कॉल लगाया, सज्जन ने कॉल रिसीव किया ही था कि राजकिशोर ने बेताबी से कहा- "मै राजकिशोर सर, आपसे गाड़ी के विषय में बात हुई थी सर, आपने आज मॉडल्स के बारे में बतलाने को कहा था सर, मै आपके घर के दरवाजे पर खड़ा हूँ, आप कहाँ है सर?" "अच्छा-अच्छा राजकिशोर जी, कहा तो था, पर देखो ना पत्नी बहुत जिद्द कर रही थी मूवी दिखाने के लिये, इसीलिए इधर प्रकाश मॉल आ गया हूँ, लौटते-लौटते शाम हो जायेगी, आप ऐसा करें अगले वीक आ जायें।" इधर राजकिशोर जी का सब्र टुटा जा रहा था, विनम्रता से बोलें-"सर मै ही वहां आ जाता हूँ?" "अच्छा –अच्छा आ जाइए, एक घंटे में मूवी समाप्त हो जायेगी तभी हम मिल लेगे उसके बाद हमें शौपिंग के लिये भी जाना है।" " ओके सर मैं पहुँच रहा हूँ," राजकिशोर जी ने भक्तिभाव से कहा। प्रकाश मॉल वहाँ से लगभग बीस किलोमीटर दूर था। राजकिशोर जी तेजी से बाइक भगाएं जा रहें थे, तेज धूप थी पर परवाह कहाँ! भूख-प्यास तो पहले ही भूल चुके थे। अपना उत्साह बनाए रखने के लिए मन में बार- बार प्रेरक विचार जैसे कर्म ही पूजा है,करो या मरो तुम जीत सकते हो इत्यादि लाते और तेज गर्मी की परवाह किए

बिना गाड़ी भगाये जाते। अब वो लगभग आधी दुरी तय कर लिए थे आधी और बाकी थी, शरीर अकड रहा था, धूप से सर गर्म हुआ जाता था, पसीने से शरीर लतपत था मगर राजकिशोर बाईक भगाएं जा रहें थे, मन में धुन सवार था। दुरी घटती जा रही थी आस बढती जा रही थी मगर ना जाने कब उनकी आँखे बंद हो गई, शरीर जवाब दे दिया वो मूर्छित हो सड़क पर गिर पड़े।

आँखे खोलीं तो पाया, पत्नी उनके सिहराने बैठी है, हाथ पर पट्टी बंधी है,पानी चढाया जा रहा है। "अरे! मैं यहाँ कैसे आ गया, मुझे जाने दो मुझे क्लाइंट्स से मिलने जाना है।" " भगवान के लिये चुप हो जाईयें, दिन भर भाग-दोड कर ये क्या हाल बना लिया है आपने , वो तो शुक्र है पड़ोस के शर्मा जी का जो आपको सड़क पर पड़ा देख पहचान लिया और हॉस्पिटल ले आएं।" इतना कह राजकिशोर जी पत्नी फफक-फफक कर रोने लगी। राजकिशोर ने पत्नी का हाथ पकड़ते हुए प्यार से कहाँ –" तुम व्यर्थ चिंता करती हो मुझे कुछ नहीं होगा।" शुक्र है उन्हें कोई अंदरूनी चोट नहीं आई थी। केवल हाथ और पैर छिल गएँ थे

लगभग दो दिनों के बाद राजकिशोर हॉस्पिटल से घर लौट आए, स्वस्थ है मगर पट्टी अभी भी बंधी हुई है। इधर दुर्घटना का समाचार सुन उनके वृद्ध पिता निर्मल बाबू भी गाँव से आ गए थे। घर में बैठक लगी है निर्मल बाबु उपदेश के लहजे में बोल रहें है, राजकिशोर जी बेड पर लेटे है, पत्नी कमरे के दरवाजे पर खड़ी है, दोनों बच्चे मासूमियत से पिता को देख रहें है। निर्मल बाबू- "इतनी भाग-दोड करने से क्या लाभ जब शरीर को ही आराम ना मिलें? हम जीने के लिए पैसा कमाते है, ना की पैसा कमाने के लिए जीते है,अतः यह भाग-दोड छोड़ो और मेरे साथ गाँव चलो, वही अपने खेत में खेती करो।" राजकिशोर शुरू में तो गाँव जाने को तैयार ना हुए,लेकिन पिता के सम्मुख उनकी एक ना चली, सपरिवार गाँव की ओर प्रस्थान किया,वहीँ पिता के साथ कृषि कार्य शुरू किया, दो मवेशी भी पालें। गाँव की शुद्ध हवा और गाय के शुद्ध दूध ने उन पर खूब असर किया। जैसे बारिश के पानी से सूखे पौधे खिल उठते है वैसे ही गाँव की हवा और गाय के शुद्ध दूध का असर उनके शरीर पर भी हुआ, कमजोर काया खिल उठी, चहरे की चमक लौट आई।

इधर नेता जी के लड़के ने एक नवयुवक को उनके स्थान पर रख लिया है। लड़का बीस-बाईस साल का सुन्दर नौजवान है, एम.बी.ए किया है और धाराप्रवाह अंगेजी बोलता है,अब राजकिशोर की जगह वह बाइक पर सवार हो टारगेट पूरा करने निकलता है।

4

खुलासा

कुछ छात्र चयन आयोग के ऑफिस को घेरे हुए थे. वे एग्जाम में धांधली का आरोप लगा नारेबाजी कर रहें थे. लेकिन आयोग के अनुसार एग्जाम में कोई धांधली नहीं हुई थी और छात्रों का आरोप निराधार था. लेकिन छात्र अपने आरोप पर डटें हुए थे. कुछ मेहनती छात्रों का कहना था कि प्रश्नों के स्तर को देखतें हुए इतना ज्यादा कट-आफ जा ही नहीं सकता है. इस बार का कट-आफ 200 में 185 था. इतना ज्याद कट-आफ पर लोग अलग-अलग प्रतिक्रिया दे रहें थे. कुछ बुद्धिजीवी बढती बेरोजगारी पर चिंता जाहिर कर रहें थे. कुछ लोग अचयनित छात्रों की मेधा पर सवाल उठा कर उन्हें अयोग्य बता रहें थे. कुछ छात्र जिनकी सब्र की सीमा नौकरी की तैयारी करते-करते टूट चुकी थी अब कोई दुकान या कोचिंग खोलने की सोच रहें थे.

छात्रों के प्रतिनिधि और आयोग के अधिकारियों में काफी मान-मनौव्वल के बाद भी जब बात न बनी तो सरकार ने आयोग के अध्यक्ष को हटा कर उनकी जगह चंद्रमोहन बाबू को आयोग का अध्यक्ष नियुक्त कर दिया. चंद्रमोहन बाबू गणित के अध्यापक थे. वे एक अच्छे शिक्षक के साथ ही एक कुशल वक्ता भी थे. साफ छवि के व्यक्ति थे. छात्रों पर उनका अच्छा प्रभाव था. उनके साफ़ छवि होने के कारण छात्रों को उन पर भरोसा था. छात्र मान गयें. धरना-प्रदर्शन समाप्त हो गया. हिम्मत कर छात्र पुन: तेयारी में जुट गए.

बेरोजगारी दिन पर दिन बढती ही जा रही थी. असंख्य संख्या में युवक पढ़-लिख कर बेरोजगार घूम रहें थे. बेरोजगारी के कारण समाज में तिरस्कार और निंदा का दंश झेल रहें थे. ऐसे में कोई अगर उनको रुपयों पर नौकरी का लालच देता तो उन्हें आशा की एक किरण दिखाती. वे किसी प्रकार पैसो का बंदोबस्त कर नौकरी का स्वप्न देखतें. ऐसे में चंद्रमोहन बाबू के लिए कदाचार मुक्त चयन परीक्षा करवाना एक बड़ी चुनौती थी. अगली परीक्षा का समय निकट आ रहा था. चन्द्रमोहन बाबू ने कदाचार मुक्त परीक्षा करवाने की तैयारी शुरु कर दिया था. सारे इंतजाम किए जा रहें थे. इधर कुछ छात्र दिन-दुनी रात चौगुनी मेहनत कर रहें थे. कुछ मेहनत के बल पर तो कुछ रुपयों के बल पर नौकरी पाने का सुन्दर स्वप्न देख रहें थे.

परसों ही परीक्षा है. मेहनती छात्रों ने अपनी तरफ से पूरी तैयारी किया है. कहीं कोई कसर बाकी ना छोड़ा है. इधर चन्द्रमोहन बाबू ने भी कदाचार मुक्त एवं निष्पक्ष परीक्षा करवाने की पूरी तैयारी किया है. परीक्षार्थियों को बिना घड़ी आने को निर्देशित किया गया है. जूता पहन कर आना भी वर्जित है. महिला परीक्षार्थियों को कान-बाली या चूड़ी पहन कर आना भी वर्जित किया गया है. प्रत्येक सेंटर पर कड़ी जाँच की भी व्यवस्था की गई है.

आज परीक्षा का दिन है. सुबह से ही परीक्षार्थी सेंटर पर पहुचने लगें है. कोई बाहर सिगरेट पी रहा है. कोई किताबों में रमा हुआ है, तो कोई पास किसी मंदिर में ध्यान मग्न है. कुछ जनाब ऐसे भी है जो अपने कॉलेज या कोचिंग के छात्राओं को ढूंढ कर बात करने में मस्त है. उनके लिए यह कन्या से वार्तालाप का अच्छा अवसर है. इधर चंद्रमोहन बाबू अपने टीम के साथ तैयारियों का जायजा ले रहें है. प्रश्न पत्र लिक ना हो इसके लिए विभिन्न संस्थानों से सेट किए गए लिफाफा में सील पाँच अलग-अलग प्रश्न-पत्र के सेट से किसी एक को ताश की पत्तों की तरह मिला कर चुना गया है. फिर उनके सामने ही परीक्षा से दो घंटा पहले उस प्रश्न-पत्र को सर्वर पर अपलोड किया गया है. सब कुछ चंद्रमोहन बाबू के सामने हुआ है. एहतियात के तौर पर अपलोड कर रहें हर कर्मचारियों का मोबाइल पहले ही जब्त कर लिया गया है. पूरे कमरें में सी.सी.टी.वी

से निगरानी किया जा रहा है. परीक्षा शुरू होने तक सभी कर्मचारियों को उसी कमरे में रहना है.

यहाँ इंतजाम कर लेने के बाद चंद्रमोहन बाबू अपने सहायक रोहन जी के साथ तेजी से निकल परे. गाड़ी पर सवार हो ड्राईवर को लायन डिजिटल ऑनलाइन एग्जाम सेंटर की ओर चलने को कहाँ. रोहन जी चन्द्रमोहन बाबू के इस आचानक विजिट से असमंजस में थे. गाड़ी आचानक से लायन डिजिटल एग्जाम सेंटर के गेट पर रुकी. बाहर परीक्षार्थियों का हुजूम था. चंद्रमोहन बाबू और रोहन जी अपना आई.कार्ड दिख अन्दर चले गए. कुछ देर के बाद परीक्षार्थियों के लिए गेट खोल दिया गया. एक-एक कर उन्हें अन्दर घुसाया जा रहा था. गेट पर ही सघन जाँच की जा रही थी. मोबाइल इत्यादि जमा करवा दिया गया था. परीक्षार्थी गेट पर छपें अपने निर्धारित कमरें की ओर जा रहें थे. कमरे में परीक्षार्थियों को एक-एक कंप्यूटर एल्लोट किय जा रहा था. कोने-कोने पर सी.सी.टी.वी. की निगरानी थी. एग्जाम के दौरान परीक्षार्थी के सीट पर जा कर उसके फोटों खिचने की भी व्यवस्था किया गया था. परिंदा भी पर नहीं मार सकता था. इधर चंद्रमोहन बाबू कंट्रोलरूम में कर्मचारियों को दिशा निर्देश दे रहें थे. उन्होंने हर कमरें में आधे-आधे घंटे के अन्तराल पर परिक्षार्थियों को पानी के लिए पूछने का निर्देश दिया. “लेकिन सर पानी तो हम हर कमरें में एक जगह रख भी सकते है जिस परीक्षार्थी को प्यास लगे वो जाकर पी लेगा,” रोहन जी ने संशयपूर्वक कहाँ. चंद्रमोहन बाबू- नहीं-नहीं पानी हर कमरें में जा कर पूछना है और जो भी पानी मांगें उसे जाकर पानी उसकी सीट पर देना है

दस बजते ही परीक्षा शुरू हो गई. परीक्षार्थियों की नजर कंप्यूटर स्क्रीन पर टिक गई. हर कोई जल्दी से जल्दी प्रश्नों को हल कर देना चाहता था. परीक्षार्थी प्रश्न पढतें फिर तेजी से दिए गए पेज पर हल करने लगते.एक-एक मिनट मूल्यवान था.परीक्षा सामान्य ढंग से चल रही थी. हर आधे घंटे पर उन्हें पानी के लिए पूछा जाता. लेकिन परीक्षा में प्यास कहाँ ! एके दुके परीक्षार्थी ही पानी के लिए हाथ उठातें. जल्दी से पानी पीतें फिर तेजी से प्रश्नों से भिड जातें. शांति ऐसी की सूई भी गिरे तो आवाज गूंज जाए. कुछ परीक्षार्थी पेज ख़त्म हो जाने पर हाथ खड़ा करते

निरीक्षक आकर उन्हें पेज दे जाता. इधर चंद्रमोहन बाबू कंट्रोल रूम से सी.सी.टी.वी द्वारा हर कमरें की निगरानी कर रहें थे. लगभग ढाई घंटे बीत चुके थे. परीक्षा समाप्त होने में आधा घंटा और बाकी था. परीक्षार्थी प्रश्नों से जूझ रहें थे. जैसे किसी कुशल धनुर्धर की नजर लक्ष्य पर होती है वैसे ही परीक्षार्थियों की नजर कंप्यूटर स्क्रीन पर टिकी थी. सब कुछ सामान्य चल रहा था. कदाचार की कोई आशंका ना थी. तैयारी सफल सिद्ध होती प्रतीत हो रही थी. आचानक कंट्रोल रूम से चंद्रमोहन बाबू भागते हुए बाहर निकले. उनके पीछे-पीछे रोहन जी भी भागें. तेजी से वे एक कमरे में प्रवेश कर गए. जैसे बिल्ली चूहे को दबोच लेती है वैसे ही चंद्रमोहन बाबू एक परीक्षार्थी को दबोच लिए. परीक्षार्थी हक्का-बक्का हो उन्हें देखते हुए बोला, “क्या बात है सर आपने मेरा हाथ क्यों पकड़ा है.” “पहले तुम उठो फिर बताता हूँ कि हाथ क्यों पकड़ा हैं,” चंद्रमोहन बाबू ने गुस्से से कहाँ. सब हैरान थे आखिर माजरा क्या है, अच्छा भला एग्जाम तो चल रहा था. चंद्रमोहन बाबू ने कमरे के निरीक्षक से कहाँ, “ये पेज जिसमे इसने प्रश्नों को हल किया है इसे जब्त कर लिया जाये. चंद्रमोहन बाबू उस परीक्षार्थी को ले कंट्रोल रूम चल पड़े. परीक्षार्थी बोलता रहा, “मेरा कसूर क्या है? क्यों मुझे इस तरह ले जाया जा रहें? मुझे एग्जाम देने दिया जाए.” रोहन बाबू और कमरे का निरीक्षक अचम्भित मुद्रा में पीछे-पीछे चल रहें थे. कंट्रोल रूम में उस परीक्षार्थी को लिखवाया गया. प्राप्त पेज से लिखावट की मिलान किया गया. यह क्या उसकी लिखवाट तो पेज के लिखावट से बिल्कुल भिन्न थी ! फिर चन्द्रमोहन बाबू ने सीट नंबर सात के परीक्षार्थी को कंट्रोल रूम में बुलवाया. परीक्षार्थी वहाँ पहुँचा. उसका चेहरा भाव-विहीन था. आकर शांति से खड़ा हो गया. चंद्रमोहन बाबू एक पेज उसकी तरफ बढ़ाते हुए उसे इस पर कुछ लिखने के लिए कहाँ. “पर क्यों सर,” उस परीक्षार्थी ने आश्चर्य से कहाँ. चंद्रमोहन बाबू- “चुपचाप तेजी से उस पेज पर दो लाइन लिखो.” उसकी लिखावट की मिलान हुई उसकी लिखावट पहले परीक्षार्थी से प्राप्त पेज के लिखावट से मेल कर गई. दोनो परीक्षार्थी गिडगिडाने लगें.फिर चंद्रमोहन बाबू ने कमरा नम्बर 12 से कंप्यूटर नम्बर 15 और कंप्यूटर नम्बर 24 के परीक्षार्थी, इस तरह कमरा नंबर 13 से कंप्यूटर नम्बर 3 और 9 के

परीक्षार्थी, कमरा नम्बर 17 से कंप्यूटर नम्बर 30 और 44 के परीक्षार्थी एवं कमरा नम्बर 22 से कंप्यूटर नम्बर 18 और 54 के परीक्षार्थी को बुलाने के लिए कहाँ. इसी तरह से इनके लिखावट की भी मिलान किया गया. आश्चर्य! इन कमरों के एक परीक्षार्थी के पास प्राप्त पेज की लिखावट कमरे के दुसरे परीक्षार्थी के लिखावट से हुई. उदाहरण के लिए कंप्यूटर नम्बर 15 के परीक्षार्थी से प्राप्त पेज की लिखावट कंप्यूटर नम्बर 24 के परीक्षार्थी की लिखावट थी. पकडे गए सभी परीक्षार्थी गिडगिडाने लगें. एक ने गिडगिडाते हुए कहाँ, "सर हम पढ़ने वाले छात्र है, हमें छोड़ दे सर, हमें यह सब करने के लिए यहाँ के मैनेजर ने कहाँ था, उसने कहाँ था कि तुम्हे एक कंप्यूटर पर बैठ कर प्रश्नों को साल्व करना है, इसके बदले तुम्हे पैसे मिलेंगे. दुसरे ने कहाँ, "सर मैनेजर ने मुझे 10 लाख रूपय पर नौकरी दिलाने को कहाँ था." सभी रोते हुए कहने लगें, "सर हम उसी के बहकावे में आ गए, हमें मांफ कर दें." परीक्षा से इन सभी परीक्षार्थियों को निष्कासित कर दिया गया. लायन डिजिटल ऑनलाइन एग्जाम सेंटर के मैनेजर को भी बुलवाया गया है. चंद्रमोहन बाबू उस पर करवाई के लिए अनुशंसा आगे प्रेषित कर दिए.

परीक्षा समाप्त हो चूका है. परीक्षार्थी कमरे से निकल रहें है कुछ परीक्षार्थी मन ही मन अंक जोड़ रहें है, कुछ आपस में प्रश्नों पर चर्चा कर रहें है. कुछ छात्रों के चेहरे पर अवसाद के भाव दिखाई पर रहें है. इधर कंट्रोल रूम में चर्चा चल रहीं है आखिर चंद्रमोहन बाबू ने उस खास परीक्षार्थी को पकड़ा कैसे? रोहने जी पूछ बैठे, "सर यह बतलाए आप कैसे जाने की वही परीक्षार्थी कदाचार कर रहा है. चंद्रमोहन बाबू – जब पिछली परीक्षा में उम्मीदवारों ने धांधली का आरोप लगाया तब मैंने चयनित उम्मीदवारों की सूची देखा. फिर यह पता लगवाया कि ये चयनित उम्मीदवार किस परीक्षा केंद्र पर परीक्षा दिए थे. तब मैंने पाया कि लायन डिजिटल ऑनलाइन एग्जाम सेंटर से चयनित होने वालें उम्मीदवारों की संख्या सबसे ज्यादा है तभी मुझे लगा दाल में कुछ काला है. इसलिए इस केंद्र पर परीक्षा के समय मैं स्वयं उपस्थित रहने का निर्णय लिया.मैंने हरेक कमरे में हर आधे घंटे पर पानी पूछने की व्यवस्था किया था. इधर परीक्षा के दौरान मैं सी.सी.टी.वी कैमरे के द्वारा हरेक कमरे की निगरानी

कर रहा था. जब भी कोई पानी मांगता मैं उसपर ध्यान देता. ध्यान देने पर मैंने पाया कि हर बार एक खास परीक्षार्थी के बाद दूसरा एक खास परीक्षार्थी ही पानी मांगता है. उदाहरण के लिए अगर कमरा नम्बर बारह में कंप्यूटर नम्बर 15 का परीक्षार्थी ने अगर पानी माँगा तो तुरंत उसके बाद कंप्यूटर नम्बर 24 का परीक्षार्थी भी पानी मांगता था. बार-बार यहीं क्रम होने पर मेरा शक और मजबूत होता चला गया. मैंने हर वैसे परीक्षार्थी जो इस तरह क्रम में पानी मांगते थे उन्हें चिन्हित कर लिया. असल में ये सारी घटना मैनेजर की योजना पर सुनियोजित ढंग से हो रही थी. ये लोग नौकरी के नाम पर पहले परीक्षार्थियों से पैसा वसूल कर लेते थे. एग्जाम में अगर कुछ परीक्षार्थी अनुपस्थित हो तो परीक्षा के लिए लगाए गए कुछ कंप्यूटर खाली भी रह जाता है. मैनेजर उन्ही कंप्यूटरों पर कुछ तेज विद्यार्थियों को पैसे के लालच में बिठा देता था. उधाहरण के तौर पर अगर रौल नम्बर 15 का परीक्षार्थी एग्जाम के एक मिनट तक ना आया तो वे समझ जाते थे कि अब वह परीक्षार्थी नहीं आएगा क्योकि परीक्षा शुरू हो जाने पर परीक्षार्थियों को परीक्षा केंद्र के अंदर आने की इजाजत नहीं थी. फिर खाली पड़े कंप्यूटर को सुनियोजित ढंग से पहले से मौजूद तेज विद्यार्थी को एल्लोट कर दिया जाता था. वह तेज विद्यार्थी प्रश्नों को साल्व करता. अब सवाल थी कि ऑब्जेक्टिव प्रश्नों की सही विकल्प जिससे पैसा लिया गया है उस तक पहुँचाया कैसे जाए. इसके लिए तेज विद्यार्थी प्रश्न का एक लाइन या प्रश्न का कोई खास शब्द को लिख उसका उत्तर लिख देता था ताकि अगर दूसरा परीक्षार्थी जिसे उत्तर पहुँचाना है अगर उसके कंप्यूटर पर प्रश्नों क्रम आगे पीछे भी रहें तो भी वो प्रश्न के एक लाइन या कोई खास शब्द से उसे पहचान ले और सही विक्ल्प चुन ले. अब इसे दुसरे परीक्षार्थी तक पहुँचाने के लिए वह पेज मांगता इसी बहाने पेज पहुचाने वाले को अपना उत्तर लिखा पेज बड़ी चालाकी से पास कर देता. फिर दूसरा परीक्षार्थी भी पेज मांगता इस बहाने पेज देने वाला उसे पहले परीक्षार्थी से प्राप्त उत्तर वालें पेज को दे देता. यही उन लोगों की पूर्व योजना थी. जब मैंने पानी का इंतजाम किया तो पानी का बहाना उनके काम को और आसान कर दिया अब वे आसानी से हर आधे घंटे पर उत्तर दुसरे विद्यार्थी को पहुँचा

सकते थे. फिर क्या था फँस गए वे इस चाल में. जब मैंने देखा की एक खास परीक्षार्थी उदाहरण के लिए A के बाद एक दूसरा खास परीक्षार्थी B ही पानी मांगता है तो मैं परीक्षार्थी B से प्राप्त पेज की लिखावट का मिलान किया तब पाया की पेज पर लिखावट B की ना होकर परीक्षार्थी A की है, फिर क्या था सारा माजरा सामने आ गया.

5

ग्रुप डी

दामोदर बाबू एक किसान थे. घर में उनके अतरिक्त पत्नी और दो बच्चे थे. बड़ा लड़का ओर छोटी लड़की. किसान का परिवार था, सारा परिवार मिलकर खेती करता था, घर में अन्न की कमी न थी. खेती से पर्याप्त उत्पादन कर लेते थे,जिससे परिवार का गुजारा अच्छे से चल जाता था. एक दिन की बात है दामोदर बाबू सपरिवार खेत में काम कर रहें थे. बरसात का दिन था. हल्की बूंदा-बांदी हो रही थी. दामोदर बाबू और उनकी पत्नी रोपनी कर रहें थे. पत्नी रोपनी करते हुए सुरली आवाज में गा रही थी.

काली बदरा छम-छम बरसे,
पानी अग्न लगायें रे, बैरी पपीहा रह रह कुक सुनाए रे...

एक तो सुहाना मौसम ऊपर से पत्नी की सुरीली आवाज, दामोदर बाबू उत्साहित हो तेजी से रोपनी किए जा रहें थे. थोड़ी दूर पर बच्चे पानी में खेल रहें थे, कूदते-फानते और बीच-बीच में एक दो धान की नन्हें पोधों की रोपनी भी करते.

इसी बीच गाँव के शर्मा जी छतरी लगायें पगडंडियों पर तेजी से कदम बढ़ा रहें थे. दामोदर को देखते ही खुश मिजाज आवाज में बोलें, “क्यों भाई दामोदर, कैसे हो, खेती कैसी हो रही है?” दामोदर ने विनम्र भांव से कहाँ, “इस बार तो बारिश अच्छी हुई है, मौसम अगर ऐसे ही साथ दिया तो इस बार अच्छी फसल होगी.” इतना कह दामोदर फिर खेती में

लग गया. शर्मा जी खेत के और करीब आकर रुक गयें फिर कुछ सोच कर बोलें,"क्यों बच्चो को भी खेती में ही लगा दिया, पढाओ-लिखाओ इंजीनियर-डाक्टर या कोई ऑफिसर बनाओ, खुद तो किसान ही रह गए, अब बच्चो को भी क्या किसान ही बनाओगे." "अरें नहीं शर्मा जी, दोनों बच्चे स्कूल जाते है, पढाई करते है, बड़का लड़का श्रावक तो अब की दसवी की इंतिहान देगा, बेटी सुलेखा भी आठवी में है, "दामोदर हसकर बोलें." शर्मा जी धीरे-धीरे और करीब आ गए, फिर विचारक की तरह कहा, "भाई दामोदर तुम्हे आज के कम्पटीशन के बारे में नहीं मालूम, कम्पटीशन दिन पे दिन बढ़ता ही जा रहा है, ऐसे गाँव की पढाई से कुछ ना होगा, मेरी बात मान दसवी के इंतिहान के बाद बेटे को शहर के किसी कोचिंग में डाल दें, मैंने भी अपने बच्चे को आई.आई.टी की तैयारी के लिए शहर के एक नामी कोचिंग READJEE में डाला है, ऐसे किताबों को सिर्फ अगरबत्ती दिखाने से कुछ ना होगा, सब कुछ छोड़, कम्पटीशन में लगना होगा." दामोदर उनकी बातों पर सर हिलातें रहें, कुछ नहीं बोलें.

शर्मा जी की बातें, दामोदर के मन में घर कर गई थी. रात को सोते समय पत्नी से कहाँ, "शर्मा जी आज सहीं ही कह रहें थे, हमें अपने बच्चो के सुखद भविष्य के बारे में सोचना चाहिए, अन्यथा हमारी तरह वे भी किसान ही रह जाएंगे, अगर ढंग से पढ़-लिख जाएंगे तो कोई बड़ा आदमी बन, गाड़ी में घुमेंगे, नहीं तो हमारी तरह खेत में खटते रह जायेंगे. पत्नी पति के बातों में सहमती देती हुई कही, "हाँ, जी तु ठीके कहित है,एकनी के हम बड़का आदमी बनायेम."

कुछ महीनो के बाद दसवीं का परिणाम आया. श्रावक ने प्रथम श्रेणी में परीक्षा उत्तीर्ण किया था. बेटे के परिणाम से घर में खुशी थी, माँ ने आरती उतरा, खीर बनाया. पिता भी खुश थे, मन ही मन कुछ सोच रहें थे, शर्मा जी की बातें अब भी उनके जेहन में कौंध रही थी. पत्नी से कहा, "अब हमें अपने बेटे की आगें की पढाई के बारे में सोचना चाहिए, मैं तो सोच रहा हूँ कि इसे शहर के किसी अच्छे कोचिंग में डाल दूँ, यहाँ रहेगा तो हमारी तरह किसान ही रह जाएगा, वहां पढ़-लिख कर कुछ बन जाएगा." "पत्नी ने सहमति देती हुई उमंग मिश्रित आवाज में कहा, "हाँ जी एकरा कोनो बड़ियाँ जगह पढ़े ला भेज द,बबुआ पढ़-लिख के कुछ बन जाई."

अगली सुबह पिता और पुत्र ट्रेन पर सवार हो शहर के लिए रवाना हुए. पिता के आँखों में स्वपन था, बेटा मन ही मन पिता के स्वप्नों को भांप गया था. READJEE कोचिंग स्टेशन से ज्यादा दूर ना था, स्टेशन पर उतर दोनों पैदल ही कोचिंग की और चल दिए. पहुंचा तो देखा भव्य बिल्डिंग है, सामने बड़ी-बड़ी गाड़ियाँ लगी है, विज्ञापन से पूरा सड़क भरा है. पिता और पुत्र कुछ देर बिल्डिंग को निहारते रहें, फिर अन्दर जाने के लिए कदम बढाया ही था कि एक गार्ड ने टोका, "कहाँ जा रहें है क्या काम है?" दामोदर- जी अपने बेटे का एडमिशन कराने के लिए आया था. गार्ड- इस रजिस्टर में नाम, पता और समय लिख दें और रिसेप्शन पर जाएँ. पिता ने रजिस्टर पर लिख अन्दर को प्रवेश किया. सामने एक सुन्दर लड़की रिसेप्शन पर बैठी थी, देखते ही बड़े प्यार से कहा, " How can I help you?" दामोदर- जी मुझे अपने बेटे का एडमिशन करवाना है. सुन्दर लड़की- ओके, बैठ जाइए, कब 10th पास किया आपका बेटा. दामोदर- जी इसी साल किया है. सुन्दर लड़की- वैरी गुड, बिल्कुल सही समय पर आ गए आप, अभी तीन दिनों के बाद, शुक्रवार से, आई.आई.टी का एक नया बैच स्टार्ट हो रहा है. दामोदर कुछ कह पाते इससे पहले ही सुन्दर लड़की ने एक फार्म उनकी तरफ बढाया और बहुत प्यार से कहा, "पहले आप इस फॉर्म को भर दे." दामोदर फॉर्म को हाथ में ले, एक बार फॉर्म को पढ़ा फिर हलके आवाज में बोलें, "मैडम, फीस कितनी देनी होगा." सुन्दर लड़की- यह लगभग दो साल का कोर्स है, इसके लिए आपको one and half lakh with GST देने होंगें. दामोदर- मैडम, फीस तो बहुत ज्यादा है. सुन्दर लड़की-इसमें आपको स्टडी मटेरियल भी मिलेंगें, टेस्ट सीरीज में भी आपका बच्चा बैठेगा, अगर एक बार देने में दिक्कत हो तो आप फीस इन्सटॉलमेंट में भी दे सकते है. फिर एक कागज पर लिखते हुए सुन्दर लड़की ने कहा, "अगर आप दो इन्स्टालमेन्ट में करते हैं तो आपको per installment 80 thousand देने होंगें ओर अगर आप चार इन्सटॉलमेंट में करते हैं तो केवल 40 thousand per installment देने होंगें." दामोदर- मैडम फिर भी बहुत ज्यादा है. सुन्दर लड़की- आप रिजल्ट भी तो देखिए, last time

80 out of 100 toppers, हमारे कोचिंग के ही थे, पिछले पाँच सालो से आई.आई.टी टापर्स हमारे ही इंस्टिट्यूट से हो रहें है, आप बच्चे के future के लिए खर्च कर रहें है, यह खर्च नहीं आपका investment है, आखिर सब बच्चो के लिये ही तो कमाते है. दामोदर- ठीक है मैडम, हम पैसो का इंतजाम कर फिर आयेंगे. सुंदर लड़की- ओके पर देर ना करियेगा, the batch is going to start on Friday. दामोदर सर हिलाते हुए कहें, "ठीक है मैडम." सुन्दर लड़की थोड़ी देर चुप रही फिर जब दामोदर उठने ही वालें थे तो कहीं, "क्या आपने अपने बच्चे का एडमिशन 11th मै करवा दिया है?" दामोदर- नहीं मैडम अभी तो नहीं करवाया है. सुन्दर लड़की ने मुस्कुराकर कहा, "कोई बात नहीं, यहाँ उसका भी प्रबंध है और बच्चे को कहीं जाना भी नहीं होगा, बस एग्जाम के समय जाकर एग्जाम दे देना होगा, सब मैनेज होगा, इससे बच्चे के आई.आई.टी के preparation में disturbance भी नहीं होगा, बस आपको इसके लिए केवल 35 thousand और pay करना होगा, बाकी आपकी मर्जी है." दामोदर सर हिलाते हुए बाहर आयें, मन ही मन कुल खर्च को जोड़ रहें थे. बेटा श्रावक पीछे-पीछे चल रहा था. मन ही मन पिता की मन:स्थिति को भांप गया था. दामोदर अभी बाहर निकलें ही होंगें कि कुछ लोगों ने उन्हें घेर लिया. उनमें से एक आदमी ने मुस्कुराते हुए कहा," अच्छा-अच्छा बेटे के एडमिशन के लिए आयें हैं." दामोदर अभी कुछ उत्तर भी ना दिए होंगे, वह आदमी कुछ और नजदीक आकर बोला, "मेरा नाम मोहन है, अगर आपको बच्चे के लिए रूम या खाने की प्रबंध करवाना हो तो मुझ से मिल सकते है, यह मेरा विसिटिंग कार्ड है, कभी भी जरूरत पड़े तो बस एक कॉल कर दीजिएगा" फिर उसने अपना विसिटिंग कार्ड दामोदर को दिया, दामोदर विसिटिंग कार्ड पॉकेट में रख आगें बढ़ गए.

शाम को घर लोटें, पत्नी सामने बैठी है. श्रावक घर के दुसरे कमरें में चुप-चाप बैठा है, पास ही बहन पढ़ रही है. पत्नी ने चुपी तोड़ते हुए पति से कहा, "क्यों जी क्या हुआ, बचवा के कोचिंग में नाम लिखेवाने का, बात बनी की ना," दामोदर-नाम तो लिखवा दूँ, मगर पैसा ही ज्यादा मांगते है. पत्नी-कितने मांगते है. "दू लाख के लगभग तो फीस ही है, उपर से रहने

का खर्च अलग से", दामोदर ने चिंता के स्वर में कहा. पत्नी- तो क्या सोचें हैं जी. दामोदर- कोचिंग तो अच्छा है हर साल वहां से बच्चे फर्स्ट करते है, हो जाए तो अपने बेटे का बड़ा इंजीनियर बनना पक्का मानों, सोचता हूँ डाल ही दूँ लड़के को वहाँ, आखिर यहाँ रहेगा तो हमारी तरह किसान ही रह जाएगा. बोलते हुए दामोदर मानो कोई मधुर सपनों में खो गया. पत्नी ने कहा, "तो फिर इतने पैसो का इंतजाम कहाँ से करिएगा?" दामोदर- अभी बैंक में अपने पास एक लाख रुपए है, उसमे से पचास हजार तो अभी दे दूंगा बाकी का बाद में इंतजाम करूँगा. पत्नी- बाद में कहाँ से इंतजाम करिएगा. दामोदर- अरे! हो जाएगा, तुम तो हमेशा बेकार की ही बातें करती हों.

दामोदर बेटे के साथ आज शहर में है, कोचिंग में चालीस हजार देकर उन्होंने बच्चे का एडमिशन करवा दिया है. बाकी के पैसो के लिए मोहलत माँग ली है. रूम के प्रबंध के लिए उस आदमी से बात कर रहें है. दामोदर- बच्चे के लिए कम किराये में कोई अच्छा से कमरा दिखलाना, और हाँ वहां पढाई में कोई दिक्कत नहीं होनी चाहिए. वह आदमी- चलिए ना सर, आपको पास में ही एक अच्छा कमरा दिखलाता हूँ. आदमी ने पास में ही एक कमरा दिखलाया. कमरा दामोदर को जँच गया. मकान मालिक से बात भी बन गया.कमरा श्रावक के रहने के लिए तय हो गया. पास ही खाने का भी प्रबंध हो गया. दामोदर उस आदमी को धन्यवाद कह ही रहें थे कि उसने कहा, "सर रूम दिलवाने के पांच सौ होते है, कृपा कर मेरे पैसे दे दें. दामोदर –अरे भाई वहाँ से यहाँ लाकर रूम दिखने के पाँच सौ! वह आदमी इस बार तेवर में बोला –जी हाँ, कहाँ है आप! दोनों में थोड़ी बहस हुई, अन्ततः दामोदर उसे चार सौ देकर छुटकारा लिए.
फिर पिता और पुत्र बाजार सामान खरीदने को चले गए. बाजार से लौटकर कमरें में सारें सामान को व्यवस्थित किए. रात का खाना पुत्र के लिए तय किए गए मेस में किए. रात दामोदर ने पुत्र के साथ उसके कमरें में ही व्यतीत किया. सुबह पूरी तरह आश्वस्त हो चलने को तैयार हुए. जाते–जातें पुत्र को समझाया, "मन लगाकर पढना, खाने-पीने पर ध्यान देना और अगर कोई तकलीफ हो तो कॉल करना." पुत्र ने पूरे विश्वास के

साथ कहा, "बिल्कुल पिताजी, मै मन लगाकर पढूंगा." बोलते-बोलते पुत्र की आंखें भर आयी. पिता ने प्यार से पुत्र को गले लगा लिया.

हाँ, एक पुत्र आज गाँव छोड़ रहा था,
वह विक्षोभ,वह व्याकुल मन सब कुछ संग चल रहा था,
भविष्य और वर्तमान में एक अजीब द्वंद्व चल रहा था,
हाँ एक पुत्र आज गाँव छोड़ रहा था.

शाम तक दामोदर घर लौट आए. पुत्र के शहर चलें जाने पर माँ उदास थी, बहन चुप-चाप पढ़ रही थी. पिता बैठे-बैठे पुत्र के सुन्दर भविष्य का स्वपन देख रहें थे.
इधर श्रावक मन लगाकर पढ़ रहा था, प्रति दिन प्रातः जल्दी उठ जाता, मन लगा कर पढाई करता फिर दस बजें नास्ता कर कोचिंग चला जाता. कोचिंग से आकर खा-पीकर थोडा आराम करता,फिर पढ़ने बैठ जाता.शाम को थोडा टहलने जाता, फिर आकर देर रात तक पढ़ता.

अभी चार महीने होने को ही थे कि कोचिंग से दामोदर को कॉल आने लगा. दामोदर बार-बार कहतें कि थोड़े दिनों के बाद अगला किस्त जमाकर दूंगा. फिर भी लगभग हर दो-तीन दिनोंके बाद उन्हें कोचिंग से कॉल आता, पैसो के लिए तकाजा पे तकाजा किया जाता.चार महीने में अभी एक हफ्ते बाकी ही होंगे कि दामोदर बैंकसे बाकी के पचास हजार भी निकाल लाएं.शहर जाकर अगला किस्त जमा कर आए. पुत्र से मिलें हाल-चाल लिए और जल्दी ही लौट आए.
गर्मी का मौसम बीत गया था हल्की सरदी ने दस्तक दे दी थी. धान के फसल पक गए थे. खेत लहलहा रहें थे. किसानो की महेनत रंग लायी थी. अच्छी फसल हुई थी. दामोदर ने साल भर खाने के लिए चावल रख बाकी बेच दिए थे. बिक्री से जो आमदनी हुई उससे जाकर अगला किस्त भर आए. जब उससे अगले किस्त का तकाजा हुआ तो उनके पास अब और कोई साधन ना था, नतीजतन कुछ जमीन बेचना पड़ा. जमीन बेचते समय उन्हें दुःख तो काफी हुआ पर पुत्र के उज्जवल भविष्य के स्वप्न से

उन्हें दिलासा मिला.

इधर श्रावक इन सब बातों से अनजान जी तोड़ मेहनत कर रहा था.जैसे-जैसे परीक्षा नजदीक आती वैसे-वैसे उसके मेहनत में और ज्यादा इजाफा होता जाता. अब तो उसे खाने की भी सुध ना रहता.हर समय किताबों में खोया रहता.

आज फिर परीक्षा आई है,
अपने को जांचने का मधुर सौगात लाई है,
युद्ध का शंखनाद होगा,
प्रश्नों के वज्रपात होंगे,
तनाव होगा, कुंठा होगी,
पर हिम्मत हमारे पास होगी,
कलम रूपी तलवार होगी,
अपनों का आशीर्वाद होगा.

परीक्षा हुई, कुछ दिनों के बाद परिणाम आया. पुत्र की मेहनत रंग लाई, पिता का विश्वास सफल सिद्ध हुआ, माँ का आशीर्वाद फलीभूत हो गया. श्रावक काफी अच्छे रैंक से परीक्षा पास कर गया है. पिता खुश हैं, लड्डू बाँट रहें हैं, माँ रसोई में पूरी बना रहीं है, बहन का भी खुशी का ठिकाना ना है, वह रसोई में माँ की मदत कर रही है. आस-पड़ोस के लड़के जो अच्छे रैंक ना ला सके, उन्हें उनके पिता श्रावक का उदहारण देकर कोस रहें है.

कुछ दिनों के बाद श्रावक का एडमिशन एक टॉप के आई.आई.टी में हो गया.पिता की छाती गर्व से चौड़ी थी. समाज में उनका कद बढ़ गया था. मित्र मंडली में बैठ वे अक्सर अपने पुत्र का गुणगान किया करते थे. लोग ध्यान से उनकी बातें सुनते, उनके बात को महत्व देनें थे. दामोदर को बड़ा आदमी होने का आभास होता. ऐसे में खेती में उन्हें मन ना लगता. खेती पर अब वे उतना ध्यान ना देतें नतीजन अब ज्यादातर खेत वें दूसरों को खेती के लिए बटाई पर दे देतें थे. यहाँ तक बेटें के कॉलेज की फीस, कंप्यूटर, किताबें तथा अन्य सुविधाओं के लिए उन्होंने कुछ

जमीन बेच भी दिया था. पर इस बार बेचने में उन्हें पहले की तरह दुःख न था, उन्हें लगता की अब वें बड़ा आदमी बन गए है, खेती क्या करेंगें, कुछ वर्षों के बाद शहर में बस जाएंगे, ऐसे में इन खेतों को बेच देना ही उचित है.

देखेतें-देखतें चार वर्ष बीत गए. इन चार वर्षों में श्रावक इंजीनियरिंग की पढाई पूरा कर लिया. कॉलेज से ही बैंगलोर के किसी कंपनी में सॉफ्टवेर इंजिनियर के रूप में जॉब भी मिल गया. बैंगलोर जाने से पूर्व कुछ दिनों के लिए घर आया. आने पर माँ ने आरती उतारी, पिता मिठाई बांटें, बहन गिफ्ट मांगी. कुछ दिनों तक घर पर रहने के बाद श्रावक बैंगलोर अपने कार्यस्थल पर चला गया. वहां सॉफ्टवेयर इंजीनियर के रूप में कार्य करने लगा. अब उसका जीवन काफी व्यस्त रहता. सुबह नौ बजे ऑफिस पहुँचता, शाम छह बजे तक वहां काम करता, थक कर सात बजे तक अपने आवास में लौट आता. रविवार को अपने आवास पर ही पुर हफ्ते की रिपोर्ट बनाता. भाग-दौड़ में दिन कब बीत जाता पाता ही ना चलता. अब वह गाँव भी कम ही जाता.
इधर गाँव में दामोदर के यहाँ उनके लड़के से शादी के लिए लड़की वालो का ताँता लगा रहता दामोदर को एक दो रिश्ता पसंद आता तो बहन श्रावक को कॉल कर बताती और आगे के बात के लिए आने को कहती पर प्राय: श्रावक को ऑफिस के काम के कारण छुट्टी ना मिलती, वह ना आ पाता. परिणाम स्वरुप लगभग दो साल के बाद लोगों का आना कम हो गया. गावं में बातें चलती, “दामोदर का लड़का कहीं शादी कर लिया होगा या कहीं रंग-रलियाँ मना रहा होगा इसीलिए तो शादी नहीं कर रहा है.”

इसी तरह लगभग तीन साल बीत गए. इस दौरान तीन बार ही श्रावक गाँव आया, वह भी दो-तीन दिनों के लिए ही. अब दामोदर की उम्र हो गई थी, उम्र का असर दिखने लगा था. अक्सर बीमार रहतें. अस्वस्थता के कारण बाहर कम ही जाते. इधर छोटी बेटी भी शादी योग्य हो गई थी, पुत्र के कम आने से बेटी की शादी का सारा दायित्व भी उन्ही पर था.

एक दिन आचनक ही दामोदर का तबियत बहुत ज्यादा ख़राब हो गयी. उन्हें साँस लेने में दिक्कत हो रही थी. तेजी से हांफ रहें थे. आनन-फानन में गाँव के लोग दामोदर को लेकर गाँव के ही एक सरकारी अस्पताल में ले गए.बहन ने श्रावक को कॉल किया, उस समय वह ऑफिस में बैठा कम कर रहा था.बहन ने उसे सारा हाल बतलाया.खबर मिलते श्रावक बेतहाशा मैनेजर के चैम्बर में भागा. चैम्बर में घुसते ही मैनेजर से घबराकर बोला, "सर मेरे पिताजी की तबीयत काफी खराब है, Urgently I have to go home, sir." मैनेजर साहब लैपटॉप पर काम करते हुए शांत स्वर में बोलें,"Oh! Very sad, I pray for his early recovery.पर अभी हमें एक इम्पोर्टेन्ट प्रोजेक्ट पूरा करना है, करोड़ो का डील है, काफी दबाव है, अभी हम आपको छुट्टी नहीं दे सकतें है." श्रावक लगभग गिडगिडाते हुए कहा,"No sir, I have to go, my father is very serious." मैनेजर ने समझाने के अंदाज में कहा,"देखिए मै आपकी हालत को समझ सकता हूँ, पर मुझे भी तो बॉस को जवाब देना होता है, फिर भी मै इतना ही कर सकता हूँ कि आप आज से तीसरे दिन ऑफिस ज्वाइन कर लें.That's all I can help you."श्रावक ओके कह बाहर आया, चलते-चलते उसने मोबाइल से ऑनलाइन एयरप्लेन का टिकेट बुक किया और ऑफिस से सीधा एअरपोर्ट चल दिया.

श्रावक गाँव आ चूका है, पिता के इलाज में भाग-दौड़ कर रहा है. मगर दामोदर की हालत बिगडती ही जा रहीं है. यहाँ तक कि अस्पताल के डॉक्टरो ने कह दिया कि इनका इलाज यहाँ संभव नहीं अतः इन्हें शीघ्र शहर लें जाए. गाड़ी ठीक कर दामोदर को शहर ले जाया गया. शहर के एक नामी अस्पताल में उनका इलाज शुरू हुआ. डॉक्टरों ने बतलाया कि हार्ट में माइनर ब्लॉकेज है ऑपरेशन करना होगा. ऑपरेशन हुआ. पूरा परिवार उनकी सेवा में लगा रहा. धीरे- धीरे उनके तबीयत में सुधर होने लगा, लगभग पन्द्रह दिनों के बाद उन्हें अस्पताल से डिस्चार्ज का दिया गया, पर डॉक्टरों ने उन्हें अभी पूरा आराम करने की सलाह दी.

दामोदर अस्पताल से डिस्चार्ज हो घर आ गए है, पूरा परिवार उनकी सेवा में लगा है. लगभग एक महीने में वे पूरी तरह स्वस्थ हो गए, पिता के

स्वस्थ हो जाने पर श्रावक बैंगलोर जाने को तैयार हो रहा था कि पिता ने कहा, "बेटा उम्र होने के कारण मैं पहले ही ज्यादा भाग-दौड़ नहीं कर पाता था, अब इस बीमारी ने तो मुझे और कमजोर कर दिया है ऐसे में बहन की शादी की जिम्मेदारी तुम्हारी ही है, पिछले महीने तुम्हारे मामा ने शहर के एक लड़के के बारे में बतलाया था, लड़का बिजली विभाग में जूनियर इंजीनियर है, मैं चाहुँगा कि तुम अगले महीने आकर बात आगे बढाओ." श्रावक सर हिलाते हुए हाँ पिताजी कहा,फिर माता –पिता का आशीर्वाद ले चल दिए.

श्रावक आज ऑफिस आ गए है. मैनेजर के चैम्बर में खड़े है, मैनेजर और उनके बीच वार्तालाप चल रहा है. मैनेजर उनसे काफी नाखुश है. मैनेजर- आप इतने दिनों के बाद आ रहें है, आपकी वजह से प्रोजेक्ट डिले हो गया, बॉस ने मुझे काफी सुनाया, आपको ऑफिस की कोई परवाह ही नहीं. श्रावक- सर मैंने आपको मेल लिख कर इन्फॉर्म किया था कि आने में देर हो जाएगा क्योकि पिताजी का इलाज चल रहा है." मैनेजर- मैने आपके मेल का ठेका नहीं ले रखा है, बॉस ने आपकी जगह एक नए लड़के को रख लिया है, आप अकाउंट सेक्शन में जाकर अपना हिसाब कर लें." श्रावक असमंजस में वही खड़े रहें. मैनेजर ने गुस्से में चिल्ला कर कहा,"Leave my office."

श्रावक की नौकरी छुट गया है. घर पर उसने इसके बारें में किसी को ना बतलाया, हाँ दोस्तों से राय-सलाह जरुर किया. दोस्तों ने तरह-तरह की सलाह दिया किसी ने कहा, "दिल्ली जाकर आई.ए.एस. की तैयारी कर लें," तो किसी ने कहा, "ऍम.बी.ए कर लें." श्रावक किंकर्तव्यविमूढ़ था, पिता की बातें उसके कानो में गूंज रही थी,"बेटा, मैं कमजोर हो गया हूँ, बहन की शादी की जिम्मेदारी अब तुम्हारी ही है." बार-बार पिता का वृद्ध चेहरा उसे सामने आ जाता. इसी दुविधा में पड़ा,श्रावक लैपटॉप पर ऑनलाइन जॉब सर्च कर रहा था, कोई जॉब हैदराबाद में था, तो कोई दिल्ली में लेकिन पिता की बातें उसे अपने गाँव खींच रहा था.वह एक ऐसी नौकरी खोज रहें थे,जिसको करते हुए वह अपने घर की जवाबदेही

भी निभा पाए. तभी उनकी नजर रेलवे के एक विज्ञापन पर गई. तुरंत माउस क्लिक कर डिटेल पढ़ने लगा, पूरे देश में लगभग तीन हजार वेकेंसी था, जिसमे पचास उसके गृह राज्य में.सारी वेकेंसी ग्रुप डी पोस्ट के लिए थे, पोस्ट उसके शैक्षणिक योग्यता के अनुसार काफी छोटा था पर उसने इस पर ध्यान ना दिया सोचा इस नौकरी के सहारे वे अपने घर का दायित्व भी निभा सकता है. तुरत ऑनलाइन आवेदन कर दिया.

लगभग बीस दिनों के बाद परीक्षा हुई. जल्द परिणाम भी आ गया. श्रावक की कामना पूर्ण हो गयी योजना सफल हो गयी. उसका चयन रेलवे के ग्रुप डी पद के लिए हो गया. पिता को कॉलकिया और कहा,"पिताजी, अब मेरी नौकरी रेलवे में हो गया है,पोस्टिंग भी अपने ही राज्य में हो जाएगी, अब मै गाँव आकर आप लोगों के साथ रह पाऊंगा." पिता अत्यंत खुश हुए, बोले, "यह तो बहुत अच्छा हुआ बेटा, यहाँ रह कर तुम नौकरी के साथ घर को भी देख पाओगे." तुरंत यह सुखद समाचार दामोदर ने अपनी पत्नी को सुनाया, उसकी खुशी का ठिकाना ना रहा.

श्रावक घर आ गया है, उसकी पोस्टिंग भी गाँव और शहर के बीच बिहटा स्टेशन पर हो गया है. अब वह घर से ड्यूटी करने जाता, शाम में आकर घर के काम भी देखता, रात में पूरा परिवार बातें करतें, विभिन्न विषयों पर चर्चा भी करतें, फिर खा कर सो जातें. पिता को बुढ़ापें का सहारा मिल गया था. माँ को बेटा दुलारा मिल गया था, भाई-बहन की नोक-झोंक से घर फिर गूंज उठा था. घर की रौनक वापस आ गई थी. वीराना दूर हो गया था. यूँ तो श्रावक की तनख्वा बैंगलोर के नौकरी से काफी कम थी लेकिन यहाँ खर्च भी कम था, ऊपर से रेलवे के यात्रा-पास, मेडिकल इत्यादि की सुविधा अलग से. अतः उन्हें कोई विशेष आर्थिक नुकसान तो ना हुआ था, लेकिन यहाँ समाज के कुछ लोग उन्हें अब ताना देने लगें थे,उसे बार-बार बोलतें उसके ग्रुप डी की नौकरी पर व्यंग करतें, पर वह कोई विशेष परवाह न करता, उसके सामने अभी पिता का ईलाज, बहन की शादी और घर की देख-भाल था. कुछ दिनों के बाद वे शहर के उस जूनियर इंजीनियर, जिसके बारें में उसके मामा ने बतलाया था, मिलने

गया. लड़का संस्कारी था, बात भी बन गई. धूम-धाम से बहन की शादी हो गया. बहन विदा हुई. श्रावक की योजना सफल हो गयी, कार्य सिद्ध हो गया.

श्रावक गाँव में अपने परिवार के संग रह,अपने दायित्व की पूर्ति करतें हुए, खुश तो था लेकिन उसके अन्दर का इंजीनियर कुंठित था, उसका ज्ञान रह-रह कर हिलोरें मारता. उसें बेचैन करता.अपने ज्ञान का उचित उपयोग करने हेतु, अपने इंजीनियरिंग कौशल को गाँव में सार्थक करने हेतु उसने गाँव में एक कंप्यूटर सेंटर की स्थापना किया, जहाँ उसने गाँव के बच्चों को नाम मात्र के शुल्क पर कंप्यूटर हार्डवेयर और सॉफ्टवेर की शिक्षा देना प्रारंभ किया. अपने लेक्चरों को यूट्यूब पर अपलोडे भी करने लगा, देखतें ही देखतें कई छात्र ऑनलाइन या ऑफलाइन उससे जुड़ गए.

दोपहर का समयथा, श्रावक तल्लीनता से रेलवे ट्रैक पर काम कर रहा था. तभी उपमंडल अभियंता दौरें पर आ गए. जूनियर इंजीनियर उन्हें काम समझा रहें थे. वें जैसे-जैसे गुजरतें ट्रैक पर काम करने वालें कर्मचारी एवं मजदूर काम रोक कर उन्हें सलाम करतें. उपमंडल अभियंता साहब गर्व से हूँ –हूँ कर बढ़ें जातें. कुछ देर के बाद वें श्रावक जहाँ काम कर रहा था वहां से गुजरें, कम् में तल्लीनता के कारण श्रावक उन्हें देख ना पाया, अभियंता साहब इसे अपने शान के खिलाफ समझा, तुरत ऐठ कर बोलें, “क्यों रे तुमकों पता नहीं साहब को कैसे सलाम करतें है.” श्रावक सर उठा कर उनकी तरफ देखां और बोला, “मैं काम में व्यस्त था आपको देख नहीं पाया, पर साहब को क्या यह भी नहीं पाता वर्कर से कैसेबात करतें.” इतना सुनतें ही अभियंता साहब भड़क उठें, जैसे किसी ने आग में घी डाल दिया हो. ताव में बोलें, “अब तू मुंझे बोलना सिखाएगा, तेरी यह मजाल.” अब श्रावक भी थोडा उतेजित हो गया, उतेजना में बोल उठा,“आप मुझे इस तरह तुम-ताम कर बात ना करें, मै कोई आपका गुलाम नहीं हूँ, वर्ना इस तरह से बातें करना मुझे भी आता है.” मामला बिगड़तें देख जूनियर इंजीनियर साहब ने बीच-बचाव किया, और उपमंडल अभियंता से बोलें,“जाने दीजिए सर अभी नया लड़का है, जवानी का जोश है, माफ़ कर दीजिए.” उपमंडल अभियंता लाल-पीला हो वहां से चल दिए.रास्तें में

जूनियर इंजीनियर साहब ने उन्हें बतलाया,"सर वह लड़का कोई ऐसा-वैसा नहीं है,आई.आई.टी. से बी-टेक है." उपमंडल अभियंता ने आश्चर्य से कहा –हाँ!

दोपहर का समय था.स्टेशन पर लोगों की भीड़ थी.लोग बेबसी से ट्रेन का इंतजार कर रहें थे. लोग रेलवे को कोस रहें थे. बच्चे रो रहें थे, माँ गोद में ले उन्हें दिलासा दे रही थी, "वो देखो ट्रेन आया, मुन्ना ट्रेन में बैठ कर नानी के घर जाएगा, जाएगा ना मुन्ना." पर बच्चे रुक-रुक कर रोयें जा रहें थे,अब उन्हें माँ की बातों पर विश्वास ना था. सारी ट्रेने लेट थी. स्टेशन पर टीटी इधर-उधर काला कोर्ट पहन टहल रहें थे.एक तो गर्मी का दिन उपर से ट्रेन लेट, यात्रियों का बुरा हाल था. कोई यात्रियों का सुध लेने वाला ना था. इधर श्रावक काम पुरा कर स्टेशन पर ही बैठा था. यात्रियों की हालत देख वह मन ही मन चिंतित था. उसे ट्रैक पर काम करते हुए लगभग दो वर्ष हो गया था, इस दौरान उसने रेलवे परिचालन का काफी अवलोकन कर रखा था. इन अवलोकन से उसे यह अनुभव हुआ कि रेलवे सिग्नल्लिंग में कमियाँ के कारण अक्सर ट्रेन लेट होती है. बठे-बैठे सोचने लगा, अगर रेलवे सिग्नल्लिंग को और बेहतर कर दिया जाए तो एक ही ट्रक पर कई ट्रेनों को कम समय अंतराल पर चलाया जा सकता है. यह सोच उसके मन-मष्तिस्क में घर कर गई. शाम को घर लौटते समय इस युक्ति पर विचार करता रहा.रात को सोते समय भी यह विचार उसे सोने ना दिया, मन ही मन विचार मग्न था. सोचते-सोचते ख्याल आया क्यों ना एक सिग्नल्लिंग सॉफ्टवेर विकसित किया जाए, जो दुरी, ट्रेन की चाल, एक ही ट्रैक पर चलने वाले ट्रेनों की संख्या इत्यादि के आधार पर आटोमेटिक एवं डायनामिक सिग्नल्लिंग करें. रात को ही उठ कर लग गया. कॉपी पर अल्गोरिथम विकसित करने लगा. सुबह भी ड्यूटी जाते समय इसी ख्यालों में मग्न रहा. स्टेशन पर काम खत्म कर लैपटॉप पर कोड लिखने लग गाया. लगभग एक महीने तक वह अथक मेहनत करता रहा. एक दिन महीनो की साधना सफल हो गया, उसकी मेहनत रंग ले आई. अथक मेहनत के उपरांत उसने आटोमेटिक एवं डायनामिक सिग्नल्लिंग के लिए सॉफ्टवेयर विकसित कर लिया था. मानो कोई संचित धन मिल गया हो.श्रावक के खुशी का ठिकाना ना था.

अगले दिन सुबह ड्यूटी जल्दी ही ड्यूटी चला गया.काम ख़त्म कर सीधे उपमंडल अभियंता साहब के ऑफिस चला गया.उनसे मिलने का समय ले बाहर इंतजार करने लगा.बाहर बैठा हुआ बार-बार लैपटॉप को खोलता, अपने सॉफ्टवेर को रन करता, अपेक्षित परिणाम देख कर उसे वही खुशी होती जो एक किसान को लहलहाते हुए फसल को देख कर होता है. मन में ख्याल आता कि आज ज्ञान और कौशल का समुचित सम्मान होगा. अन्दर का उल्लास हिलोरे मार रहा था. कुछ देर के बाद उसे उपमंडल अभियंता के कक्ष में बुलाया गया. उत्साह के साथ वह कक्ष के अन्दर प्रवेश किया.श्रावक को देख उपमंडल अभियंता साहब रखे फाइल को पलटने लगें. श्रावक उन्हें आदरपूर्वक प्रणाम किया और उत्साह से कहा,"सर अपने ट्रेन सिग्नल्लिंग को और बेहतर बनाने के लिए मैंने एक सॉफ्टवेर विकसित किया है जो ट्रेन की गति, ट्रेनों के बीच की दुरी और स्टेशन पर स्टापेज समय के आधार पर आटोमेटिक एवं डायनामिक सिग्नल्लिंग कर सकता है." इतना कह श्रावक लैपटॉप खोल कर उनके सामने सॉफ्टवेर को प्रदशित करना चाहा. उपमंडल अभियंता साहब ने अनमने ढंग से उसे देखें और बेरुखी से कहें,"अरे भाई,एक तो ग्रुप डी की नौकरी करते हो और अपने आप को आइन्स्टीन समझते हो, बड़े आए सॉफ्टवेयर विकसित करने वाले, जाओ जाकर अपना काम करो." श्रावक कुछ बोलता इससे पहले ही उपमंडल अभियंता साहब तेज आवाज में दुतकारते हुए फिर बोलें,"खड़े-खड़े मुहं क्या देख रहें हो ,जाओ, मुझे काम करने दो." उपमंडल अभियंता साहब के इस व्यवहार पर श्रावक को काफी दुःख हुआ, हाथ में लैपटॉप लेकुछ सोचता हुआ धीरे- धीरे कमरे से बाहर निकल आया. वह दुखी तो जरुर था लेकिन उसके हौसले में कोई कमी नहीं आया था.अन्दर का इंजीनियर उतना ही उत्साही, उतना ही विश्वासपूर्ण था.

श्रावक शाम तक घर आ गया. घर के एक कमरे में एकांत बैठा हुआ विचार करता हुआ बार-बार विकसित सॉफ्टवेयर को रन करता परिणाम को थोड़ी देर देखता, फिर विचार मग्न हो जाता. उपमंडल अभियंता के बर्ताव से वह दुखी तो था मगर सॉफ्टवेयर को रन कर आपेक्षित परिणाम

देख उसके दुःख दूर हो जाता, मन में असीम उत्साह का संचार हो जाता. कैसे अपने इस विकसित सॉफ्टवेयर को उचित मुकाम तक पंहुचाया जाए इसी पर विचार करने लग जाता. इसी क्रम में मन ही मन सोचने लगा मै व्यर्थ ही उपमंडल अभियंता के पास चला गया, उसे सॉफ्टवेयर के बारे में मालूम ही क्या होगा, मुझे किसी योग्य व्यक्ति से मिलना चाहिए. कुछ सोचकर उसने मोबाइल से अपने प्रभारी जूनियर इंजीनियर को कॉल किया कॉल कर कहा कि कल मैं नहीं आ पाऊंगा,कोई आवश्यक काम है. जूनियर इंजीनियर साहब ने छुट्‌टी की स्वीकृति दे दिया.

अगले दिन सुबह तैयार हो लगभग छह बजे वह ट्रेन से शहर की ओर प्रस्थान किया. वहां स्टेशन पर उतर कर रेलवे जोन के डी.आर.एम. ऑफिस की ओर चल दिया. वहां पहुँच डी.आर.एम. साहब से मिलने का समय लिया और इंतज़ार करने लगा.थोड़ी देर के बाद वहां कार्यरत एक सज्जन आकर उसे बोलें,"इस पुर्जे पर अपना नाम, पद और मिलने का कारण लिख दें." श्रावक कागज पर लिख सज्जन को दिया, सज्जन पुर्जा ले कर अन्दर चलें गए. लगभग एक घंटा हो गया पर श्रावक की बारी ना आई. उसने ध्यान दिया कि उसके बाद आने वाले लोग अन्दर जा रहें है अधीर हो सज्जन के पास गया और बोला,"सर मैंने लगभग एक घंटे पहले पुर्जे पर नाम वगैरह लिख कर आपको दिया था, मेरे बाद वालें लोगों का नंबर तो आ गया पर मेरा नहीं आया कहीं मिस तो नहीं हो गया." सज्जन ने नाम पूछा.फिर बोला अच्छा वो ग्रुप डी वाला, उसमे तो साहब ने कहाँ है कि एक ग्रुप डी स्टाफ से वे नहीं मिल सकते है. "सर मैंने एक सॉफ्टवेयर विकसित किया है जिससे ट्रेन लेट की समस्या से निजात पाया जा सकता है उसी का प्रदर्शन करना है, प्लीज मुझे मिलने दीजिए सर" श्रावक ने गिडगिडाते हुए कहा. सज्जन-देखिए, इसमें मैं कुछ भी नहीं कर सकता,साहब का आर्डर है. श्रावक- प्लीज सर, कुछ करें सर, बस पाँच मिनट के लिए सर." श्रावक के इस तरह गिडगिडाते देख सज्जन को दया आ गई, दया के स्वर बोलें,"चलिए अगर आप इतना कह रहें है तो आप का काम करा देते है, पाँच बजे शाम को साहब जातें है उस समय मैं आपको उनसे मिला दूंगा, लेकिन इसके लिए आपको पांच

सौ रूपए चढ़ावा देना होगा." श्रावक ठीक है सर कह खुशी-खुशी पाँच सौ रुपए दे दिया. वह वहां दोपहर से लेकर शाम तक डटा रहा, बीच-बीच में लैपटॉप खोल सॉफ्टवेयर को रन कर लेता जिससे उसमें असीम उत्साह का संचार हो जाता.शाम के पाँच बजे, ऑफिस के लोगों में घर जाने की जल्दी है,कितने तो चार बजें ही सटक लिए. अन्दर डी.आर.एम. साहब किसी ठेकेदार से चर्चा कर रहें है. रेलवे ओवर-ब्रिज के ठेके में कमीशन बंटवारे पर चर्चा चल रही है.साथ ही पूर्व के ठेके का कमीशन की भुगतान के लिए ठेकेदार को कहा जा रहा है. इधर श्रावक बेसब्री से इंतजार किया जा रहा है. लगभग साढ़े पाँच में वो सज्जन आए कहा साहब जाने वाले है तैयार रहना, दरवाजे पर ही मुलाकात कर लेना. जैसे सीमा पर जवान किसी आपात स्थिति से निपटने के लिए तैयार खड़ा होता है, वैसे ही लैपटॉप खोल तैयार खड़ा हो गया. उनके निकलते ही नमस्ते कर अपन परिचय दे कह उठा, "सर मैंने एक सॉफ्टवेयर विकसित किया है जो आटोमेटिक एंड डायनामिक सिग्नालिंग कर सकता है." डी.आर.एम. साहब ने तेजी से चलते हुए कहा, "इसकी कोई जरूरत नहीं हमने पहले ही जापान की एक कम्पनी स्मार्ट सॉफ्टवेर से सिग्नल्लिंग कंट्रोल के लिए सॉफ्टवेयर का करार कर लिया है. श्रावक पीछे-पीछे सर-सर करता रहा और डी.आर.एम. साहब आगे-आगे तेजी से चलते चले गए. योग्यता कुर्सी के आगे गिड़गिड़ाती रही.

मेधा कहाँ हारने वाली थी, अन्दर का इंजीनियर कहाँ मानने वाला था. श्रावक घर वापस आ गया. कमरे में लैपटॉप खोल कर पुन: बैठ गया. सोचा क्यों ना जापान की कंपनी स्मार्ट सॉफ्टवेयर जिसका जिक्र डी.आर.एम साहब ने किया था, उस से संपर्क किया जाए. तुरन्त गूगल पर स्मार्ट सॉफ्टवेयर टाइप किया, वेबसाइट पर जाकर कंपनी के विषय में जानकारी लिया. वेबसाइट से कम्पनी का ईमेल आईडी भी प्राप्त कर लिया और अपने द्वारा विकसित सॉफ्टवेयर का संक्षिप्त विवरण लिख कर कम्पनी को मेल कर दिया. कुछी दिनों के बाद उन्हें स्मार्ट सॉफ्टवेयरकम्पनी से एक मेल प्राप्त हुआ. लिखा था कम्पनी आपके सॉफ्टवेयर में इंट्रेस्टेड है, आप कृपा कर अपने सॉफ्टवेयर का

डेमन्सट्रेसन इंडिया के हमारे दिल्ली सेंटर पर दे दें. आने-जाने और रहने का सारा प्रबंध कम्पनी करेगी. अगले ही दिन वह छुट्टी लेकर हवाई जहाज से दिल्ली को रवाना हो गया. कम्पनी के सेंटर पर पंहुचा तो उसका उचित स्वागत हुआ,सम्मानपूर्वक कमरे में बिठाया गया. नाश्ता और चाय भी दिया गया. फिर उसने कम्पनी के इंजीनियरो के समक्ष अपने सॉफ्टवेयर का प्रदर्शन किया. वहां के इंजीनियरो ने उसके काम की सराहना किया और कहा,"इस सॉफ्टवेयर के आगे के ट्रायल्स के लिए आपको हमारे मेन सेंटर जापान आना होगा." श्रावक कुछ बोलता इससे पहले ही एक इंजीनियर ने आगे कहा,"आप चिन्ता ना करें आपके आने–जाने और रहने का सारा प्रबंध कंपनी वहन करेगी." यह सुन खुशी से श्रावक की आँखे भर आया. लगा भटके नाव को किनारा मिल गया.

कुछ दिनों के बाद कम्पनी ने मेल कर श्रावक को इनविटेसन लेटर और एयर टिकेट भेजा. लगभग पन्द्रह दिनों के बाद की टिकट थी. श्रावक के खुशी का ठिकाना ना था. अगले ही इनविटेसन लेटर और अनुमति के लिए आवेदन लिख वो अपने प्रभारी जूनियर इंजीनियर के पास पहुंचा, सारी बात बताकर उसने उन्हें आवेदन और इनविटेसन लेटर की प्रति आगे अग्रसारित करने को दिया. जूनियर इंजीनियर ने कुछ देर तक पत्र हाँथ में ले सोचते रहें फिर कुछ दुविधा में कहा,"देखिए श्रावक जी इस तरह के पत्र को मैं आगे अग्रसारित नहीं कर सकता आप सीधे डी.आर.एम ऑफिस जाए,यह वहीं जमा करें." श्रावक तुरंत वहां से शहर डी.आर.एम. ऑफिस चला गया. वहां पत्राचार सेक्शन में जमा कर रिसीविंग ले लौट आया. मन बेचैन था, दो दिनों के बाद फिर भागता हुआ डी.आर.एम. ऑफिस को गया. पाता चला पत्र ज्यों का त्यों पड़ा हुआ है. सारी बात बताकर विनती की तो वहां के सहायक ने कहा,"बहुत सारे पत्र हैं, कोई एक आपका थोड़े ही है ज्यो अभी के अभी भेज दें, समय लगेगा." श्रावक- पर सर मेरी टिकट तेरह दिनों के बाद है, कृपा कर इससे पहले प्रोसेस करवा दें. सहायक ने झटकते हुए कहा,"जल्दी करवानी है तो कुछ नजराना लगेगा." श्रावक- कितना सर. सहायक-अरे यार दे दो मिठाई खाने के लिए पाँच सौ. सौदा पक्का हो गया, बाथरूम में जा कर लेन-देन

भी हो गया.

श्रावक घर लौट आय, किसी तरह तीन दिन गुजारा, उससे रहा ना गया चौथे दिन फिर डी.आर.एम.ऑफिस पहुँच गया.पाता किया तो मालुम चल पत्र सेक्शन ऑफिसर के टेबल पर धुल खा रहा है. काफी विनती और हाँथ जोड़ने के बाद शुक्र है फाइल उनके टेबल से आगे बढ़ा. इसी तरह वे आते-जाते रहें विनती और नजराने के बल पर फाइल आगे बढ़वातें रहें. अब पाँच दिन का समय और बचा है, पत्र अंतिम मुकाम तक पहुँच चूका था, आज अंतिम साइन के लिए फाइल में बंद चीफ पर्सनल ऑफिसर के टेबल पर पड़ा था. बाहर श्रावक इंतजार कर रहा था उसके साथ उसके सपने, उसके हौसले भी इंतजार कर रहें थें. कुछ काम निपटा लेने के बाद चीफ पर्सनल ऑफिसर ने श्रावक के फाइल को पलटा, कुछ देर फाइल पलटने के बाद, उन्होंने सहायक को भेज कर श्रावक को अन्दर बुलवाया. श्रावक अन्दर आकर विनम्रता की मूर्ति की तरह खड़ा हो गया. चीफ पर्सनल ऑफिसर ने उसे घुडतें हुए कहाँ, “अच्छा तो आप ही श्रावक हैं.” श्रावक-हाँ सर. चीफ पर्सनल ऑफिसर- आपका आवेदन पढ़ा, आपने किसी सॉफ्टवेर के सिलसिले में जापान जाने के लिए छुट्टी माँगा हैं. श्रावक-हाँ सर, मैंने आटोमेटिक एवं डायनामिक सिग्नल्लिंग के लिए एक सॉफ्टवेर विकसित किया है जिसके ट्रायल के लिए मुझे जापान जाना है. चीफ पर्सनल ऑफिसर ने फाइल को पलटते हुए कहाँ- वो तो ठीक है, लेकिन क्या आपने पहले यह सुचना विभाग को दिया था. श्रावक- सर, सॉफ्टवेर विकसित करने के बाद मैं विभाग के अधिकारियों के पीछे चक्कर लगाता रहा पर किसी ने मेरी एक ना सुनी, अंततः थक-हार कर मै जापान के एक कम्पनी से संपर्क किया, इस क्रम में मैंने कोई विभाग को कोई लिखित सुचना तो नहीं दी है लेकिन विभाग के कुछ उच्च अधिकारी इससे अवगत हैं. चीफ पर्सनल ऑफिसर- विभाग में आ गए हैं लेकिन विभाग का नियम कानून नहीं जानतें, आपको ये सब करने से पहले विभाग से परमिसन लेना था, जो की आप ने लिया नहीं अब चलें आए छुट्टी मांगनें. श्रावक संकित हो गया, सोचा कहीं सारे स्वपन टूट ना जायें, महीनों की मेहनत व्यर्थ ना चला जायें. घबडाये मुद्रा में विनम्रता से

कहा,“ सर देखिए कोई उपाय कीजिए अब आप ही पर ही आशा है.” चीफ पर्सनल ऑफिसर श्रावक की बातों से थोडा द्रवित हुए कहा, देखिए एक ग्रूप डी कर्मचारी की छुट्टी के लिए रेलवे में इस तरह का प्रावधान नहीं है फिर भी अगर आप चाहे तो नो वर्क नो पे पर जा सकतें, लेकिन यह जान लीजिए इस दौरान आपको वेतन नहीं मिलेंगा और आपका सर्विस ब्रेक माना जाएगा जिससे भविष्य में पदोन्नति में आपको दिकतें आएगा. जैसे किसी कुशल धनुर्धर का ध्यान लक्ष्य पर होता है वैसे ही श्रावक का ध्यान अपने द्वारा विकसित सॉफ्टवेयर पर था तुरत बोल पड़ा हाँ सर मुझे मंजूर है.

पाँच दिन बीत गया है आज श्रावक जापान में स्मार्ट सॉफ्टवेयर के हेड क्वार्टर में बैठा है, सामने कंपनी के कुछ उच्च इंजीनियरस की टीम बैठी है, वे आपस में सॉफ्टवेयर से सम्बंधित तकनिकी बातों पर चर्चा कर रहें हैं. चर्चा के दौरान कल सॉफ्टवेयर के ट्रायल का दिन निर्धारित हुआ. अगले दिन सारी तैयारी कर लिया गया. दोपहर में सॉफ्टवेयर का ट्रायल शुरू हुआ जो लगभग एक घंटे तक चला. ट्रायल सफल रहा लेकिन कंपनी के कुछ उच्च इंजीनियरस इसमें कुछ और सुधार चाहतें थे. अतः उनलोगों ने श्रावक को एक महीने तक जापान ही रह इसे और बेहतर करने में सहयोग देने का अनुरोध किया, श्रावक पर तो पहले ही धून सवार था, खुशी-खुशी मान लिया. शाम को मेल लिख अपने विभाग को सारी बातों से अवगत भी कर दिया. पिता को भी फोन द्वारा सुचना दे दिया.

लगभग एक महीने तक श्रावक जापान में कंपनी के इंजीनियरो के साथ लगा रहा. सॉफ्टवेयर में बदलाव होतें फिर ट्रायल होता फिर अगर कोई त्रुटि होती तो फिर से सॉफ्टवेयर में सुधार होता. यही चक्र तब तक चलता रहा जब तक की आपेक्षित परिणाम ना आ गया. जिस दिन आपेक्षित परिणाम आया उस दिन उन लोगों के खुशी का ठिकाना ना था मानो वर्षो की साधना सफल हो गया. इस कार्य के लिए जापान सरकार ने श्रावक को विशेष सम्मान दिया. यहाँ तक की कम्पनी ने उसे वही रह कर आगें

काम करने की पेशकश भी किया. पर श्रावक ने विनम्रता से मन कर दिया. गाँव की गलियाँ और परिवार का प्यार उसे आवाज दे रही थी.

श्रावक भारत आ गया है. चारो तरफ उसके काम के चर्चे है. टीवी पर दिखाया जा रहा है, एक ग्रूप डी ने कमाल कर दिया. फेशबुक पर उसके चित्र शेयर किए जा रहें हैं. इधर रेलवे ने वही सॉफ्टवेयर स्मार्ट सॉफ्टवेर कम्पनी से अरबो रूपए का भुगतान कर ले लिया है.
आज कुछ मीडिया के लोग इंटरव्यू के लिए गाँव श्रावक के पास आयें हुए है. रिपोर्टर सवाल पूछ रहें हैं, श्रावक जवाब दे रहा हैं. एक रिपोर्टर- आप ग्रूप डी कर्मचारी होतें हुए इतनी बड़ी सफलता हासिल किए है, इस पर आप क्या कहना चाहेंगे. श्रावक- देखिए, कोई भी काम छोटा या बड़ा नहीं होता, हमें हर काम का सम्मान करना चाहिए साथ ही हमें पद से ज्यादा व्यक्ति के ज्ञान और हुनर की कद्र करना चाहिए.

Printed by Libri Plureos GmbH in Hamburg, Germany